"双碳"背景下
我国绿色税收制度的供给研究

刘中军　著

中国海洋大学出版社

·青岛·

图书在版编目（CIP）数据

"双碳"背景下我国绿色税收制度的供给研究 / 刘
中军著. -- 青岛：中国海洋大学出版社，2024. 6.
ISBN 978-7-5670-3882-0

Ⅰ. F812.422

中国国家版本馆CIP数据核字第2024MK0748号

"SHUANGTAN" BEIJING XIA WOGUO LÜSE SHUISHOU ZHIDU DE GONGJI YANJIU

"双碳"背景下我国绿色税收制度的供给研究

出版发行	中国海洋大学出版社
社　　址	青岛市香港东路23号
邮政编码	266071
出 版 人	刘文菁
网　　址	http://pub.ouc.edu.cn
电子信箱	1922305382@qq.com
订购电话	0532-82032573（传真）
责任编辑	曾科文　周佳蕊　　**电　话**　0898-31563611
印　　制	天津鑫恒彩印刷有限公司
版　　次	2024年6月第1版
印　　次	2024年6月第1次印刷
成品尺寸	170 mm × 240 mm
印　　张	13.25
字　　数	195千
印　　数	1—2000
定　　价	68.00元

发现印装质量问题，请致电13463436434调换。

序

　　绿色是高质量发展的底色。习近平总书记指出，建设美丽中国是全面建设社会主义现代化国家的重要目标，要锚定2035年美丽中国目标基本实现，持续深入推进污染防治攻坚，加快发展方式绿色转型，提升生态系统多样性、稳定性、持续性，守牢安全底线，健全保障体系，推动实现生态环境根本好转。美丽中国建设迈出的重大步伐，离不开绿色财税制度的引导和推动。"十二五"期间提出发展绿色经济，党的十八大报告将绿色发展作为新发展理念之一，党的十九大明确提出建设"美丽中国"目标，《中华人民共和国宪法修正案》将生态文明入宪并确立为国家意志，以《中华人民共和国环境保护税法》和《中华人民共和国资源税法》为代表的绿色税种相继以法律形式发布并实施，既标志着税收法定原则落到实处，也标志着绿色税收制度供给在我国生根落地。

　　但是，我国在推行绿色税收制度方面仍然存在不少问题与挑战，比如，税收法规仍不完善，税制优惠政策互补性较差的问题。本课题研究肇始于庇古税理论，据此提出要将绿色税收及其制度研究建立在严格的理论研究基础上，说明中军老师的研究相当严谨、规范。作者善于借鉴"他山之石"，探究了国内外对绿色税收及其制度研究的理论溯源及认知演进历程，据此界定了绿色税收和绿色税收制度的概念和内涵。通过横向比较分析荷兰、日本、美国、德国及瑞典等五国绿色税制历史发展及演变过程，深入探索了绿色税种体系、绿色税收优惠政策、非正式规则及绿色税收征管机制，在此基础上完善了适合中国国情的绿色税收理论体系，并提出了行之有效的解决办法。其中，对税收供给内涵的界定与扩容、税收供给制度的范式创新都做出了贡献。

刘中军老师在攻读法律经济学博士期间，在融合了经济学与法学学科知识基础上，系统学习了统计学以及计量经济学知识，创造性地将数据分析方法应用于绿色税收制度供给的研究。该书不仅注重绿色财税制度供给理论的逻辑推演、历史演变，更加注重绿色财税制度数据在研究中的应用，在研究中开创性地使用了统计指数法、熵值法，对环境污染水平进行系统测算得到综合污染排放指数。在理论分析的基础上，实证采用了科学的动态面板计量经济学模型，分别从污染减排与节能降耗两个角度分析了绿色税收的环境红利，从经济增长速度与产业升级两个角度实证了绿色税收的经济红利，从整体上实证考察了我国绿色税收的双重红利效应，实现了对选题的理论梳理与实践验证相结合，为研究绿色财政制度供给方面开辟了新的路径。

同时，作者非常注重调查研究方法的应用，他调查了我国30个省（市、自治区）近20年的数据，涵盖了人口因素、技术水平、产业结构、工业污染治理、投资强度等涉及绿色财税制度供给的方方面面，数据不可谓不翔实，统计数据的描述性图形整洁、美观，显示出其研究是建立在扎实的数据与调研基础上的。发现问题比解决问题更重要。通过系统科学的调查研究和数据梳理，作者发现我国绿色税收制度供给现状不能满足税制绿化改革及经济高质量发展之需求，世界各国税制虽各具特色，但法治水平参差不齐，绿色税收制度的环保效应差异迥然，现有绿色税种体系普遍存在征收范围窄、税基小且税率较低，税种之间的协调性及合力亟待提升，绿色税收优惠政策的覆盖面小且分散，绿色环保与绿色发展理念仍有待深化，征收管理机制规范化与信息化建设有待加强，碳税制度供给仍存空白等问题，亟须完善适合我国国情的绿色税收制度供给体系。研究中，中军老师善于将逻辑推演方法、调查方法、统计方法、计量经济方法、文献研究方法、分析比较方法、大数据方法相结合，取长补短，相互印证，既有逻辑严密、体系完整的理论分析，也有取证充分、调查深入的实证分析，显示了其扎实的学术功底。

中军与我相处多年，为人坦荡，治学扎实严谨，是一个很用心、有抱负的青年教师，在完成著作的同时，又取得了法律职业资格证书，实属不易。

中军老师诚挚邀请我为之作序，我欣然同意。但时间紧张，有些方面，未能涉及，评价也不全面。中军老师对于绿色财税制度供给的研究以及解决办法的提出，确实对于中国当前的绿色发展具有很强的理论意义及实践价值。

2024年2月于太原

前　言

20世纪中叶以来，在对环境进行有效保护的前提下，如何实现经济增长与资源合理利用相匹配，践行可持续发展，日渐成为人类文明发展的世纪难题。当今世界，绿色低碳循环发展业已成为新时代发展之潮流，经济发展模式的嬗变推动了环境治理理念与制度体系的转变升级。以庇古税理论为指导的绿色税收制度，主张通过对污染主体进行征税，实现企业外部成本的"内在化"，从而矫正市场的资源配置缺陷并提高其效率。实践证明，绿色税收制度在促进节能减排与环境治理等领域积极效应明显。部分欧美发达国家已经构建一套行之有效的绿色税收体系，并建立了经济与环境和谐发展的循环经济理论体系。迄今为止，建立绿色税收制度是国际社会解决环境问题、提高环境质量与促进绿色发展最有效的制度选择。

循环经济与绿色发展是世界经济社会发展的必然选择与时代潮流，也是我国社会主义市场经济发展规律与演化逻辑的必然走向与内在要求。新时代主要矛盾的变化对绿色发展提出了更高要求，为此，我国开启了构建并完善绿色税收制度的新阶段。"十二五"期间提出发展绿色经济，党的十八大报告将绿色发展作为新发展理念之一，党的十九大明确提出建设"美丽中国"目标，《中华人民共和国宪法修正案》将生态文明入宪并确立为国家意志。随着《中华人民共和国环境保护税法》《中华人民共和国资源税法》的先后正式实施，绿色税制法治化开启了新篇章。"十四五"时期，我国经济由高速发展转变为高质量发展，"碳达峰"与"碳中和"的时间表已经公布，税制绿化改革将面临新的挑战。有鉴于此，在"双碳"背景下如何完善绿色税收制度供给，在保护和提升环境质量的同时实现国民经济的高质量发展已成为当务之急。

本书以时间为序，探究了国内外对绿色税收及其制度研究的理论溯源及认知演进历程，据此界定了绿色税收和绿色税收制度的概念和内涵。将绿色税收概念定义为促进环境保护、合理开发利用自然资源，维护生态平衡，推行绿色生产与消费，对市场主体所开征的与环境保护相关的税种及税收政策。在此基础上，依据新制度经济学的制度供给理论，将绿色税收制度的内涵界定为四部分内容，即绿色税种体系、绿色税收优惠政策、非正式规则及绿色税收征管机制，并在此基础上构建了绿色税收理论体系。通过横向分析荷兰、日本、美国、德国及瑞典等五国绿色税制的特点及不足，为我国绿色税制供给提供了理念原则、税制要素及意识形态等方面的有益借鉴。通过对绿色税种体系、绿色税收优惠政策、非正式规则及绿色税收征管机制等内容进行全面系统的分析，全景式地呈现了我国绿色税收制度的供给现状与问题，发现现有绿色税种体系普遍存在征收范围窄、税基小且税率较低，税种之间的协调性及合力亟待提升，绿色税收优惠政策的覆盖面小且分散，绿色环保与绿色发展理念仍有待深化，征收管理机制规范化与信息化建设有待加强，碳税制度供给仍存空白等问题。

现实中，绿色税收能否带来改善环境质量与促进经济增长的双重红利，本书围绕该问题分别进行了实证分析。首先，基于2001—2019年我国30个省（市、自治区）的数据构建了动态面板模型，运用系统广义矩估计方法得到模型估计结果并进行实证分析，从节能降耗和降低污染排放量两个方面，分析绿色税收对环境保护的影响。其中，运用计量经济学方法对绿色税收的污染减排效应进行建模分析，采用熵值法对环境污染水平进行系统测算得到综合污染排放指数，从整体上考察了我国绿色税收的污染减排效应，研究发现污染排放存在路径依赖效应，绿色税收存在污染减排效应，科技创新水平对污染减排具有显著的促进作用，污染排放水平与产业结构密切相关。此外，人口规模与综合污染排放指数呈现正相关的关系，工业污染治理投资额占工业增加值的比重与综合污染排放指数负相关。同时，选用可以衡量碳基能源消费的碳排放量为主要指标，对绿色税收的节能降耗效应进行分析。基于IPAT

方程，并加入绿色税收作为解释变量，将被解释变量换成二氧化碳排放量，建立了绿色税收和能源消耗之间的回归模型，采用系统广义矩估计方法进行参数估计，分析了绿色税收对各省（市、自治区）二氧化碳排放量的影响。研究发现，碳基能源消耗存在路径依赖效应，绿色税收节能降耗效应有待提升，工业污染治理投资强度对于碳基能源消耗具有"绿色悖论"效应，科技创新水平提高有利于降低碳基能源消耗，碳基能源消耗量与产业结构密切相关。其次，从经济发展水平和产业优化两个方面，针对绿色税收对经济的影响进行具体的实证分析。研究发现，绿色税收可以促进经济增长，当期的经济增长速度与滞后一期经济水平负相关。此外，物质资本投资水平、人力资本投入水平、技术创新水平以及对外开放程度的提高都会促进经济增长。与此同时，绿色税收对产业升级不能起到明显的促进作用，但是技术创新水平、经济发展水平的提高可以促进产业升级，并且实现彼此之间的良性互动，物质资本投资水平、人力资本投入水平、对外开放度等基于自身的属性和机制差异与产业升级呈现负相关。

本书基于对绿色税收及其制度供给的研究，对其内涵进行了重新界定与扩容，对该领域进行了适度的理论探索与范式创新。主要体现在运用制度供给视角对现行绿色税收制度进行全面分析研究，即通过对现行绿色税收制度进行制度完善，实现有效解决环境保护问题的制度优化供给。实证部分通过选取多个环境污染水平的影响因素，采用熵值法对环境污染水平进行系统测算并得到综合污染排放指数。分别从污染减排与节能降耗两个角度分析了绿色税收的环境红利，从经济增长速度与产业升级两个角度实证了绿色税收的经济红利，从整体上实证考察了我国绿色税收的双重红利效应，实现了对选题的理论梳理与实践验证相结合。

实践中，我国绿色税收制度供给现状不能满足税制绿化改革及经济高质量发展之需求。在对其进行完善与优化的进程中，要注重以绿色发展理念为引领，按照公平与效率原则、税收中性原则与税收法定原则，采取循序渐进的模式，分别从整合并优化现有绿色税种体系、重视并强化绿色发展意识形态、规范并改进征收管理机制与适时开征碳税等方面予以推进。为解决环境保护与资源利用问题提供路径选择，也为推动税制绿化改革、助力实现"双碳"目标与经济高质量发展提供制度保障。

当前，对绿色税收制度的供给问题进行研究尚属热点与难点课题。本书立足于新制度经济学的制度供给理论，做出了一些有益的探索与讨论，但受个人学识局限仍有一些不足之处，主要体现在对国外发达国家的文献搜集与制度梳理欠缺广度与深度，未能实现对国外部分依照选题的绿色税收制度内涵进行横向对比。同时，跨学科的方法运用较少，限于专业，较多地集中于新制度经济学与法学学科部分，欠缺对环境学、伦理学、计量经济学与哲学等相关学科的方法适用与理论剖析。

有鉴于此，笔者立足现有研究成果，针对不足之处，在今后的学习与研究过程中，将对以下方面内容做出进一步的深化与拓展。第一，积极探索并拓展绿色税收制度供给的研究领域与视角，从环境学、法学以及伦理学等交叉学科的视野，对其进行更为立体、多元的阐释与解析，以更好地实现研究的完善与优化。第二，有针对性地加强对国外相关研究以及实践的横向借鉴与深入研究，以此实现绿色税收制度供给领域研究的系统化，从更加广泛且深入的角度增强对该领域问题的理论研究与实践检验。第三，持续关注绿色税收制度的双重红利以及多重红利的研究。将其置于时间跨度更加宽泛的历史范畴中进行实证研究，以便更为清晰地展现其效应变迁情况。增加对其适用领域的比较研究，在环境保护与经济发展以及文化研究等视域，对其进行对比分析，发挥其最大化的学理价值与实践价值。

刘中军

2023 年 12 月于太原

目　录

图表索引

《中华人民共和国资源税法》（以下简称《资源税法》）的先后正式实施以及消费税的绿化改革，绿色发展法治化开启了新篇章。

"十四五"时期，我国经济由高速发展转变升级为高质量发展，对外开放也将面临百年未有之大变局，新冠肺炎疫情的持续冲击导致全球经济动荡难平，税制改革面临新的问题与挑战。中国政府业已向世界宣告了我国的碳排放峰值与碳中和的时间表，力争二氧化碳排放于2030年前达到峰值，努力争取2060年前实现碳中和。我国税制改革整体推进，绿色环保理念已经深入人心，改革红利的释放为绿色税制体系构建提供了制度准备，厚植了思想基础与群众基础。2021年8月以来，财政部正牵头起草《关于财政支持做好碳达峰碳中和工作的指导意见》，拟充实完善一系列财税支持政策。专家建议，在整合现有环境保护税、成品油消费税、煤资源税等基础上，研究适时开征碳税，进一步完善绿色税收制度。

有鉴于此，经济社会的全面绿色转型业已成为新时代发展之必然所需，而税制绿色改革作为重要支撑，必须更好地发挥绿色税收促进资源能源有效利用与环境保护的绿化作用，以及对经济增长的促进作用。以完善绿色税收制度供给为基础，用税收的手段把环保问题内部化，完善并优化适应新时代中国特色社会主义所需的绿色税收制度。

二、研究意义

绿色税收通过税收手段将环保问题的社会成本，内部化到企业的生产成本和市场价格中去，再通过市场机制环境资源进行分配。建立绿色税收制度是国际社会解决环境问题、提高环境质量最有效的制度选择。在此种情境下，探讨绿色税收制度的供给现状以及完善优化路径问题，具有较强的理论和现实意义。

（一）理论意义

（1）运用法经济学视角对绿色税收制度供给进行研究，并提出了完善对策，具有一定的开拓性与建设性。本书在界定绿色税收及绿色税收制度的概念基础上，通过运用外部性理论、双重红利理论与制度供给理论等经济学经典理论，将环境保护问题与税制绿化改革紧密结合，对我国绿色税收制度的供给现状、改革路径及制度完善等进行体系化分析，为研究完善绿色税收制度梳理出新的思路，拓宽了研究绿色税收制度供给问题的理论视角。

（2）在绿色税收制度设计上，具有一定的原创性。在制度供给理论的指导下，尝试构建以环境保护税与环境税为绿色主体税种，整合现有消费税、耕地占用税与车船税等绿色税种体系，增强绿色环保与绿色发展理念的意识形态引领，优化绿色税收管理机制并适时开征碳税，以此实现对绿色税收制度供给的优化与完善，为提高环保质量与促进绿色发展提供制度保障。

（二）现实意义

（1）提供环保治理资金，体现双重红利效应。绿色税收为环境保护与治理提供稳定的资金支持，在改善生态环境质量的基础上，实现助力经济增长，形成市场主体绿色发展的良性循环，推动环保事业与和谐社会建设，提升企业及产品的绿色科技含量与市场竞争力。

（2）助力产业结构优化，促进可持续发展。绿色税收将环境污染成本予以内部化，利用税收的"有形之手"引导市场主体合理调配社会资源，税收优惠政策降低环保型企业的运行成本，助力其实现产业结构的绿化与优化发展，促进实现经济增长与生态环境保护均衡并举的高质量可持续发展。

（3）优化现有税制结构，助力税制改革进展。税制体系的绿化改革是实现绿色发展的重要导向，也是供给侧结构性改革的题中之义，有利于完善我国现代财税制度，更好地发挥绿色税收制度支撑绿色发展和生态文明建设的经济作用。按照税收中性原则循序渐进予以推进税制改革，降低税制改革对现行经济增长的冲击，提升绿色税收在环保治理领域的现实效率。

（4）完善绿色税收的制度供给，探索绿色发展的制度创新。通过完善绿色税收制度供给，实现现有绿色税种体系、非正式规则与征管机制的优化提升，更好地发挥其绿色引领作用，培育绿色生产方式与生活方式并适时开展碳税，为实现"碳达峰碳中和"目标与推动绿色发展提供制度保障。

第二节　国内外文献综述

肇始于庇古税理论的绿色税收及其制度研究作为解决环境问题、提高环境质量有效的经济手段，日渐取得了国内外学术界的关注。国内学者开启对环境税收的理论研究源于20世纪90年代初期，"绿色税收"词汇的使用则始于90年代末期。进入21世纪以来，伴随国民经济的持续高速发展，工业化进程中的环境污染与生态破坏问题的提前集中显现，国内学者对绿色税收的研究逐步深化且多元，过程中更加注重绿色税收理论的实践运用及新时代、新理念的引导，彰显出中国特色绿色税收的时代特征与经济属性。通过梳理发现，多数研究只是针对绿色税收的某一具体领域进行分析，对我国绿色税收进行系统化梳理与总结的文献较少，并且尚未直接对我国绿色税收的研究进展及总体趋势进行探讨。

有鉴于此，为清晰描述并展现绿色税收相关研究的热点和发展态势，本节首先以中国知网数据库中1996年至2021年间有关绿色税收的研究文献作为数据源，同时将检索时间框定为1996年1月至2021年12月之间，初次检索到1054条相关文献记录。为确保选取文献的准确性、有效性与权威性，删除其中的新闻报道、会议通知、政策解读类文献等，并剔除综述性文献、评述类文学、资讯类文献以及与研究主题关联度较低的文献，通过清洗和整理，最终获取645篇有效文献。运用Citespace 5.8.R3软件①从文献计量的角度对绿色税收相关文献的发文量、学科领域分布进行了简析，以明晰研究现状，并通过对现有文献中关键词的共现分析、聚类分析、突现分析以及时区分布进行了可视化分析，阐述绿色税收的发展路径和研究热点演进[1—2]。

---

① Citespace是由陈超美博士与WISE实验室联合开发的基于JAVA语言的文献分析工具。

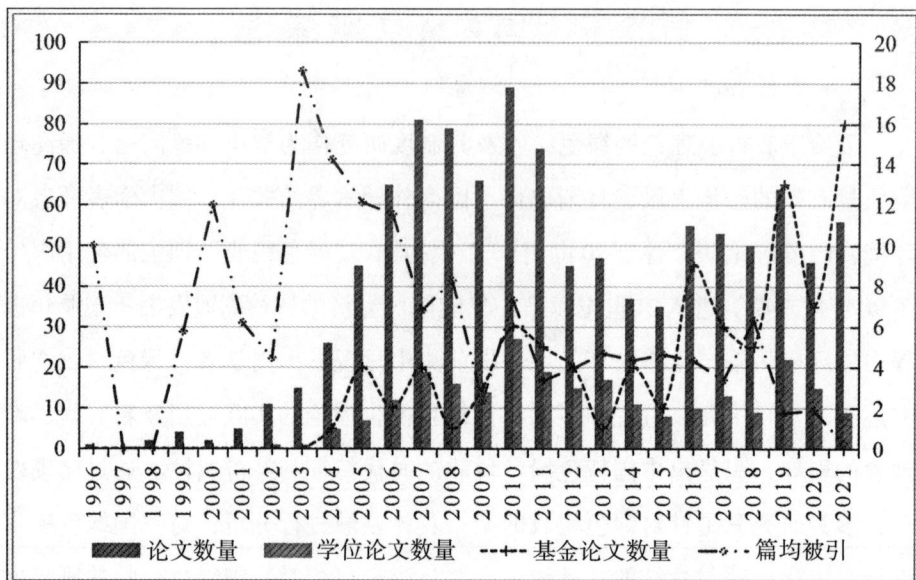

图1.1　国内绿色税收研究论文数量与时间分布图

通过图1.1对26年来在绿色税收领域中，各年度所发表的论文数量进行统计分析，可以直观地获取该段时期内关于绿色税收的成果数量变化情况，进而梳理出该学科领域的研究进展和基本规律。由上图可知，国内关于绿色税收的研究肇始于20世纪90年代，初期主要是对针对绿色税收的引介及其国外借鉴，进入21世纪以来，根据时代进程与经济社会发展所需，学界分别从构建绿色税收制度、绿色税收体系及绿色税制、绿色税收法治等范畴进行了理论与实证论述。特别是2002年"十六大"报告指出施行可持续发展战略以来发文数量呈现上升趋势，直至2008年全球金融危机有所下滑，2012年党的十八大以来，以新发展理念为引领开展具体的绿色发展实践，学界运用财税、法治等视角对绿色税收进行多元化解析，试图给出解决市场经济健康发展与生态环境保护均衡推进的中国方案。《环境保护税法》的正式实施标志着绿色税收法治化时代的确立，结合党的十九大报告、"十四五"规划及"碳达峰碳中和"的新时代绿色发展要求，学界再次聚焦绿色税收及其制度研究，充分体现绿色税收研究的经济属性以及时代特征。

为了解不同学科对绿色税收领域的研究进度与关注程度，通过对绿色税收研究领域的学科分布情况进行分析，展现其在推动绿色税收领域研究过程中所起到的作用。如图 1.2 所示，属于财政学领域的文献有 461 篇，占总数的71%。属于国民经济学科领域的有 63 篇，占总数的 10%，属于法学领域的文献有 37 篇，占总数的 6%。此外，环境、工商管理等学科领域的研究成果占比相对较少。据此可知财政学、国民经济学、法学等学科对绿色税收领域研究的关注程度较高，而其他学科对绿色税收领域研究仍然处于初级阶段，成果较少。关于绿色税收研究学科间尚未形成明显有效的渗透、交叉态势，学科间关联程度较弱。

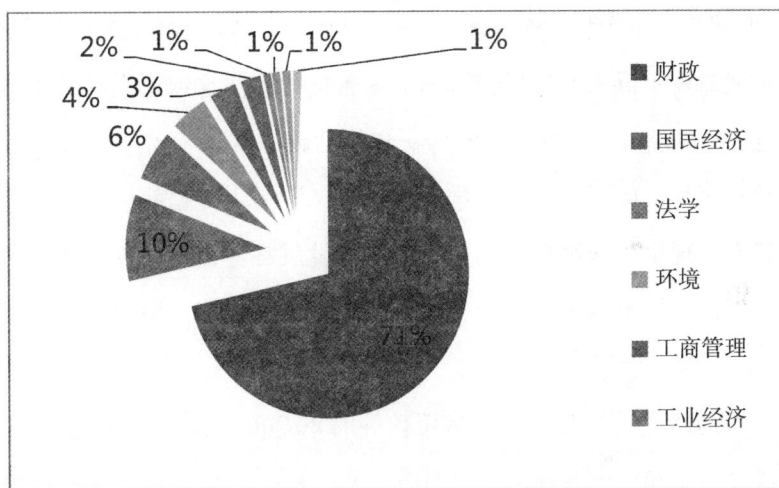

图 1.2 绿色税收文献所属学科比例图

关键词是作者对文献内容的总结和概括，通过对关键词进行聚类分析，可以直观地反映出某学科领域的研究热点并据此预测其发展趋势。剔除"绿色税收""企业""构建""启示"等无归纳意义的关键词，得到考察时间段内绿色税收研究领域的关键词共现时间线视图，对关键词进行聚类后得到六类，包括会计核算、资源差别税、可持续发展、碳中和、纳税人和环境税收体系。其中，作为类标签的"会计核算""资源差别税""可持续发展""碳中和""环境税收体系"等具有较高的中心性，这些关键词彼此间以及与其他关键词之间联系紧密。由此，可以判断现有研究的重点涉及可持续发展背景下的绿色税收体系构建、可持续发展中的环境保护问题、碳中和目标下的绿色税收体系研究等领域。

绿色税收的研究热点从2001年开始显现，到2004年至2007年间较为集中，其中"资源保护税""循环经济"及"环境税收体系"内容明显，且"税率改革""差别化税费"亦较为集中。2007至2010年期间，基本上以"土地增值税""节能减排""绿色预算"及"低碳经济发展"内容为主，2016年左右出现的热词为"税收优惠""即征即退""环境成本"等，其中小微企业税收改革成为阶段性研究热点。在2018年开启了绿色税收法治化进程中，以"生态文明建设""绿色发展理念""地方税体系""税收制度改革"为代表，紧跟国家战略需求寻求制度供给层面的完善优化，注重绿色税收的体系化构建与绿色税收制度改革。2019年至今，围绕"碳达峰""碳中和"新形势新要求，以呼吁开征"碳税"继续"推进税制改革"为主。据此可知，绿色税收的理论研究呈现出由分散多元到聚合集中的发展态势，始终以可持续发展观为指引，通过整体推进对现有税种体系的绿化税制改革，构建绿色税收体系并助力新时代绿色发展。

在关键词共现分析基础上，运用软件的Burstness选项，将γ设置为0.9，其他默认值不变即形成关键词突现图谱，见图1.3。关键词突现是指在短时间内文献中出现频次极高的关键词，从关键词突现开始至突现结束形成加粗横线标记，表明关键词在该研究领域的重要程度和被关注度，突现长度越长表明该关键词热度持续时间越久、研究前沿性越强。

引用强度最高的前20个关键词

(1996—2021年)

关键词	突现强度	突现开始年份	突现结束年份	
绿色税收	4.2238	**1998**	2001	
绿色税收制度	3.7878	**2001**	2006	
资源税	3.0765	**2002**	2003	
资源差别税	3.1599	**2002**	2006	
资源	3.803	**2003**	2005	
税种	6.3875	**2004**	2009	
循环经济	6.2139	**2006**	2012	
环境税	2.9995	**2007**	2011	
税率	3.7094	**2008**	2009	
土地增值税	2.9665	**2008**	2011	
节能减排	6.274	**2009**	2012	
低碳经济	5.8056	**2010**	2016	
绿色经济	3.875	**2010**	2015	
税收制度	3.1298	**2013**	2017	
税收体系	3.4226	**2014**	2017	
绿色税收体系	2.9708	**2014**	2016	
绿色发展	5.4299	**2016**	2021	
环保税	6.1896	**2017**	2019	
生态文明建设	3.8799	**2018**	2019	
环境保护税	7.1804	**2018**	2021	

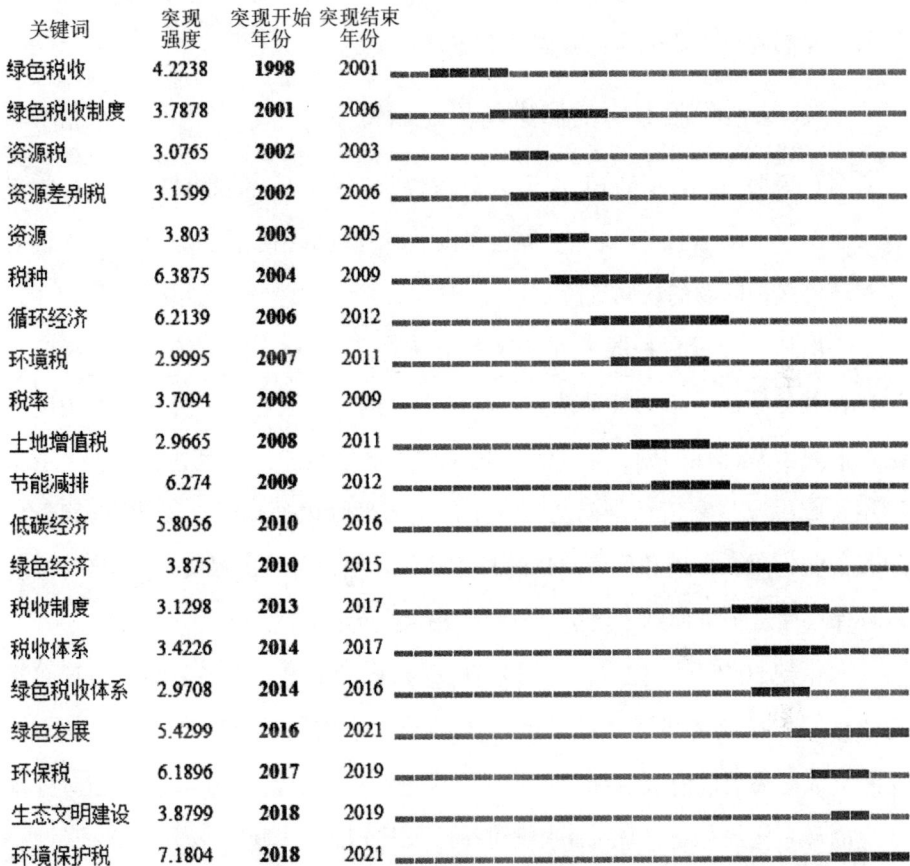

图1.3　绿色税收关键词突现图谱分析

关键词突现分析共出现20个突现词，持续时间最久的关键词是循环经济，其次是低碳经济与绿色税收制度；目前突现强度最高的是环境保护税，其次是绿色发展。表明了学界理论研究与社会经济发展的高度契合，即在低碳循环经济的大背景下，加强以环境保护税为主体税种的绿色税收制度研究，为实现新时代市场经济的绿色健康发展提供有效的制度保障。

通过对国内绿色税收相关文献构建知识图谱，对该领域整体研究现状进行梳理后发现，研究主题多集中在经济学、环境科学、环境能源研究、绿色可持续发展等学科领域，时间跨度自21世纪初开始至今呈现增长态势。下文以时间为轴，站在前人的肩膀上，紧扣"绿色税收"及"绿色税收制度"主题，梳理并分析现有文献，重点对其概念的演进与界定、基础理论研究、施行效应及制度供给研究等内容展开综述。

一、绿色税收概念的演进与界定研究

绿色税收（Green Tax）亦谓之环境税收（Environmental Tax）或生态税收（Ecological Tax），其概念的界定与内涵、外延的拓展演进，映射出人们对应对环境保护问题的认知进阶。

一般认为，绿色税收的理论渊源于庇古（1920）[3]提出的"庇古税"理论，在其导师马歇尔的外部性理论基础上，他首创通过福利经济学的角度系统地研究了外部性问题，拓展并深化了"外部不经济"的概念和内容，主张利用税收手段将环境污染问题所产生的负外部性内部化，以优化资源配置。随着工业化深入推进和环境问题的日益凸显，绿色税收的涵义逐步得到扩展，从环保层面逐步延伸到了经济、社会等辐射更为深广之领域。

20世纪50年代，保罗·萨缪尔森（1954）[4]指出，由于公共产品具有非竞争性与非排他之特征，将会使环境污染形成外部不经济，出现"搭顺车"现象，故此需要政府收取绿色税收对资源进行重新配置。70年代，面对日益严重的环境污染问题，OECD根据可持续发展理念，提出"谁污染，谁付费"（Polluter Pays Principle）原则，为开征绿色税收提供了思想准备与理论基础，很多国家逐步重视应用经济手段来治理环境污染[5]。如此经济学意义上的绿色税收应运而生，西方发达国家先后将绿色税收纳入环保之经济政策，以荷兰开始征收废水排污费和居民生活垃圾处置费为标志，西方发达国家开始利用绿色税收作为经济政策来保护环境，彼时绿色税收制度改革方兴未艾，随着工业化深入推进和环境问题的日益凸显，绿色税收的涵义从单纯的环保层面逐步延伸扩展到经济、社会等更为宽泛之领域。运用此经济手段应对环保问题，逐步掀起绿色税收制度改革且收效甚好，许多发展中国家皆陆续效仿之。

90年代，荷兰国际财税文献局编著的《IBFD国际税收辞汇》，将绿色税收定义为，政府为解决环境问题对污染行业和污染物的使用进行征税，或者对投资于环保与污染防治事业的纳税人给予税收减免与优惠等政策[6]。盖恩斯等（1991）[7]将环境保护税界定为污染税费（Pollution Taxes or Fees），具体是指对市场主体造成的环境污染行为进行费用收取的财政措施，征收环节中的计算依据通常为污染行为的污染物性质及数量。保卢斯（1995）[8]介绍了Eurostat（欧盟统计局）对环境税收的定义，即针对破坏环境的单位所征收的税收，环境税收（Environment Allevies）是在遵循污染者付费原则的前提下，对一切造成污染环境的单位在反污染的政策框架中所征之税，使污染者支付与其污染行为的危害程度相适应的社会对价。古尔德（1999）[9]认为绿色税收作为收入中性之税种，具有提高环境质量并能提高劳动就业率等潜在的效能，对其研究重点应该集中在绿色税收的社会效应，尤其是对就业的影响成为焦点。

进入21世纪以来，作为解决环境问题的有力经济手段，绿色税收的概念界定日趋一致，各种理论研究尽管称谓各异，但在具体内涵上则基本达成共识，为构建绿色税制营造基础性和前提性的概念准备。斯文森等（2001）[10]的研究表明：关于绿色税收，经济学家通常只是简单地提议当权者对污染行为进行统一征税，否则，污染防治将不能以成本最小化得以实现，因为社会通常会利用对纳税人由高到低的税务责任转移来降低环保成本。统一的绿色税收可用于降低其他扭曲性税收，例如所得税，从而减少经济畸变和增加收益。保罗·霍肯（2001）[11]将绿色税收定义为国家为保护环境而向所有消费行为征收的新税种，所得税款专款专用到环境保护事业之中。目的在于匡正产品的市场价格消除价格扭曲，揭示真正的产品成本。OECD（2013）[12]将绿色税收界定为利用改变市场价格等手段，来引导消费行为和经济交易活动，以此来降低生产和消费过程中污染排放的税种。联合国综合经济核算体系（SEEA）指出环境税的计税基础是对环境有明确、特定、负面影响的某物质的一个物理单位。

作为最大的发展中国家对此西方舶来之学，国内学者开启对绿色税收的理论研究至今，结合国情需求对其概念界定研究逐步深化且多元。起初作为税种之一进行引介，并援引"环境税与生态税"等直译称谓，内容多为国家为加强环境保护，对造成环境污染、生态破坏的经济主体征收的特别税种。根据目前所查阅之文献溯源可知，国内学者开启对环境税收的理论研究源于20世纪90年代初期，"绿色税收"词汇的使用则始于90年代末期，基于国际上对绿色税收研究的深入与国内对资源环境问题的重视而展开，但对其概念与内涵界定尚未达成统一的共识。

国内学者王明远（1994）[13]较早地对环境税内容予以引介，认为环境税是国家为保护自然环境与能源资源，对开发并利用环境资源的市场主体，按其资源利用强度或对环境污染程度所征之税种。王金南等（1994）[14]认为环境税是税收体系中与环境资源利用和保护有关的税种与税目总称。换言之，环境税不但包括污染排放税、自然资源税，还包括为实现特定的环境目的而筹集资金的税收，以及政府影响某些与环境相关的经济活动性质和规模的税收手段。何澄（1997）[15]在介绍了欧洲各国绿色税的内涵基础上，认为绿色税收是国家税收的一种形式，是国家对市场主体在利用环境资源时所征免的一种税收，通常用"绿色税"代替"环境税"进行描述，其具体实践内容包括排污收费和税收。汪素芹（2000）[16]指出绿色税收是基于国际贸易中环境成本的内部化理论，为保护环境与合理开发利用资源，推进清洁生产并实现绿色消费而征收的税种。贾康、王桂娟（2000）[17]将绿色税收概念直接纳入制度观察，认为环境税是指政府为实现特定的环保目标，并引导纳税人的环保行为而征收的税种。

加入WTO以来，伴随国民经济的持续高速发展，工业化进程中的环境污染与生态破坏问题的提前集中显现，国内学者对绿色税收的概念界定研究逐步深化且多元。越多的学者采取分层次的叙述方式，从狭义到广义的层级递进，既包括为减少环境污染、生态破坏，对资源的开发利用而征收各种税费，也有为促进绿色发展采取的减免、补贴等税收调节手段，可以分为环境保护与可持续发展两部分。过程中更加注重绿色税收理论的运用及新时代、新理念的引导，彰显出中国特色绿色税收的时代特征与经济属性。

梁本凡（2002）[18]认为，绿色税收是对有益于环境保护与生态改善的各种税费的形象性概况表达，是对环境税与生态税的代名词。武亚军（2005）[19]认为环境税收包括消费税（不含烟酒、首饰与化妆品等产品）、资源税、耕地占用税、城镇土地使用税、车船使用税等税种，加之排污费与水资源类收费等构成。唐慧斌（2006）[20]从税收征收对象角度出发，将绿色税收的范围归纳为主要有专门的绿色税收税种，比如资源税、环境税，除此之外还包括为实现特定的资源环境目的而筹集资金的其他税收，以及政府为引导与资源环境保护、生态改善相关的经济活动的税收手段。朱坦、刘倩（2007）[21]基于环境税具有提高经济效率和实现环境保护目标的双重效能，绿色税制改革也被视为中国环境政策创新的重要突破口。环境税是指现有税种体系中对环境保护与资源开发利用的税种之总称。计金标、高萍（2008）[22]表示为了实现绿色税收的生态环保效用与社会价值，环境税应将一切危害环境的行为纳入征税对象，扩展征收范围并以此形成良好的社会氛围与税制环境。赵云旗（2009）[23]在综合国内外相关共性解释的基础上，提出绿色税收是为了保护自然环境、合理开发利用资源和推进绿色生产和消费，国家凭借税收法律规定，对污染环境、破坏资源的市场主体征收的税收及罚款，同时对环保市场主体给予优惠与奖励。即为环保而征收的各种特定税的前提下，辅之相关的税收措施。苏明（2014）[24]从广狭两个维度进行界定：认为广义上绿色税收是指与资源利用、环境保护相关的所有税种，狭义上则是将绿色税收特指为保护环境而征收的特别税种。刘剑文、耿颖（2017）[25]将环境保护税和环境税进行了明确的概念界定与区分，认为前者仅为后者的一个独立税种，后者则涵盖了政府为实现环保目标而开征的税种体系及相关政策集合。郎威、陈英姿（2020）[26]通过学界对绿色税收的综述研究，强调绿色税收体系的构建和综合平衡效应，要将其置于绿色发展理念的逻辑定位与绿色税收体系的构建中加以研究。

由此可见，准确地表述出绿色税收的内涵，给出客观、全面、准确的界定并非易事。绿色税收概念的界定与演进，自庇古税理论的提出一直延续至今，中外学者未有定论。历经跨世纪的百年演进与实践检验，作为有效应对环境资源保护问题的经济手段，绿色税收的内涵与表达方式日渐清晰。以污染者付费为原则，对污染环境的市场主体征收专项税费，同时对环保类企业与经营活动予以税费优惠，辅之健全并优化绿色税收的征收管理措施，以此引导市场主体的消费行为和经济交易活动。从基础理论到近百年的实践经验，绿色税收制度与体系建设的研究日益深化成熟，研究视角与方法日益多元，研究内容不断被拓展和完善，理论成果丰硕且社会实效显著，为全球解决资源环境生态问题提供有力的经济指引并奠定了基本理论基础。

二、绿色税收的基础理论研究

对资源利用与环境保护问题进行经济学研究的基本理论主要包括：公共物品理论、外部性理论、环境库兹涅茨曲线、双重红利理论等。关于绿色税收的基础理论研究，以时间为轴进行纵向梳理，为绿色税收制度的优化完善提供理论基础与技术准备。

第一，公共物品理论。自20世纪五六十年代，随着学术界对政府职能、公共支出等公共问题研究的深入，公共物品概念与理论受到经济学界的普遍重视，并逐步成为公共经济学的核心范畴。西方经济学理论认为，公共物品理论是分析和解决环境污染问题的逻辑起点，基于公共物品的非竞争非排他性，会导致"免费搭便车"问题，现实中主要由政府通过税收来实现公共物品的供给。

蒋洪（2000）[27]沿用萨缪尔森对公共产品的定义为：社会个体对某种产品的消费，并不减少其他人对该产品的消费使用，这种非竞争非排他的属性是相对于私人产品而言的。沈满洪、谢慧明（2009）[28]对公共物品理论进行分析展望时提到，该理论在生态环保领域运用广泛。自然资源与环境生态作为典型的生态公共物品，基于哈德森、琼斯以及克雷格的公共性判定系数模型，对不同生态资源的公共性进行区分研究，把可交易公共物品理论应用于生态公共物品的交易过程，也是生态经济学与福利经济学交叉性研究的重要方向。张琦（2015）[29]认为，当前的主流范式是以萨缪尔森和马斯格雷夫为代表的新古典公共物品理论，该理论强调物品和服务本身非排他性和非竞争性对人的行为之影响，得出公共物品应当政府等公共主体提供的推论。生态环境作为公共物品的供求只能诉诸公共选择而非市场选择。叶海涛（2015）[30]借助于西方经济学的经济人假定，基于生态环境的公共物品属性展开分析，以生态政治学的独特视角解读了公共物品理论对生态环境问题的纾困路径。近代以来，公共物品理论的研究重心开始向供给问题方向转化，朱俊齐、费保升（2016）[31]立足公共物品的基本概念与固有属性，从市场供给的角度出发，分析其供给失灵的原因及表现，结合供给侧改革与资源环境问题，探析当前我国公共物品有效供给的实现路径。张晋武、齐守印（2016）[32]从财政学的角度出发，立足于理论逻辑与现实生活的统一，对公共物品概念定义的缺陷进行简要分析，并提出相应的修正和重构意见。

第二，外部性理论。从保护资源环境和治理生态破坏的经济手段角度出发，经济学理论界大致将解决环境外部性的路径划分为两大类型，一方面是通过政府干预的庇古税手段，包括税收、收费、补贴等财税方法达成；另一方面是利用科斯定理进行市场化处理，具体在产权厘定的基础上，市场主体通过价格机制或者许可交易等操作进行，殊途同归地实现环境外部成本内部化的目标，理论上分属于庇古税与科斯定理范畴。

外部性理论作为西方经济学的重要内容，由英国古典经济学家阿尔弗雷德·马歇尔首倡，并由庇古予以拓展。针对外部性问题，庇古立足福利经济学理论，在假定不存在价格扭曲的条件下，政府通过庇古税的经济手段介入，对污染者征收其对环境污染程度相当的税收成本并以此调配环境资源的优化配置，该理论虽然较为理想化，却为绿色税收提供了理论支持。马歇尔提出了市场经济的资源配置作用不能达到帕累托最优，究其原因是由环境外部性所导致的，该论断即为绿色税收产生的理论前提[33]。其后，西季威克、庇古分别从经济福利理论出发对外部性进行了阐释。西季威克认为外部性的产生是基于私人所有之财富与其对社会的贡献值不对等所致，庇古发现现实中经济交往中会带来市场主体以外的外部影响，导致社会成本与私人成本的不匹配，私人收益与社会收益的不一致[3]。通过比较边际成本与边际收益所造成的边际净产值的不对等，市场交易的外部性特征便会显现。其中，对经济发展有利的为正外部性，不利者为负外部性。同时鉴于人们经济人的社会属性，实践中总是追求自身私人成本的最小化，并设法极力将私人成本转嫁到社会成本中去。在环保领域表现为将自身应该负担的环境治理成本转嫁给社会公众，导致环境污染与生态破坏的典型外部性普遍存在，长此以往造成环保问题对经济发展的负面拖累日渐凸显。为此，曼金针对环境外部性问题所导致的经济发展无序与效率下降，政府与个人均可以采取有效措施予以应对，力求使社会资源配置更加优化高效[34]。

科斯（1960）[35]对庇古税提出了批判，他认为外部性问题具有相互性，在交易费用为零及产权明确的情况下，双方通过自愿协商即可产生资源配置最优化，政府何必多此一举呢？此时庇古税没有征收的必要。当存在交易费用的情况下，外部性问题内部化要权衡政策本身的成本与收益比才能确定，即庇古税是否有效有待评估，以上内容被斯蒂格勒提炼并命名为科斯定理。20世纪70年代资源环境问题加剧，科斯定理作为解决外部性问题的指导理论付诸实践，排污权交易制度即为典型。对外部性理论的研究进程中，科斯定理是对庇古税理论的扬弃，经济社会实践中两种方式各有利弊，国内外学者依此上述两种经济理论，对绿色税收问题做出大量理论与实证研究。

20世纪80年代以来，国内学者在引进消化吸收的研究路径基础上，结合我国资源环境问题实际，以外部性理论为指导拓展出多种解决方案。雷新华（2002）[36]指出以外部性理论作为理论基础的环境税，通过发挥其正外部效应，不仅能为社会提供资金，而且能矫正环境资源配置中的市场失灵，以此来对冲企业外部不经济的问题，对比行政手段效率高也更加公平。杨永杰（2013）[37]通过对碳排放的外部性理论和内部化路径探析，认为碳排放作为典型的经济外部性行为，其治理需要外部性理论提供碳减排的治理思路，要积极发挥碳税、碳交易的碳减排作用，逐渐完善碳减排治理路径。尹磊（2014）[38]在对外部性理论、庇古税、科斯定理等经济学理论进行讨论的基础上，提出开征环境税并构建起环境税制度体系的中国路径。张百灵（2015）[39]通过对外部性理论应用存在的偏差和失误进行反思，力图改变对外部性理论单向度应用的现状，深入挖掘不同类型的外部性，并以正外部性理论指导环境法的发展与完善。

金晓燕（2016）[40]在分析环境负外部性问题的起因和表现基础上，探讨了庇古税和科斯定理在解决环境负外性上的作用及局限，提出并分析了基于污染双方非对称的双边收税应对机制，为解决环境负外部性提供助力。俞敏（2016）[41]对环境税改革进行经济学理论探究时指出，环境税主要通过政策安排矫正商品和服务的价格将外部效应内部化，激励经济实体进行理性选择，从而在环境治理层面实现环境、经济和社会政策目标。李英伟（2017）[42]运用马克思产权理论对资源税和环境税进行分析，将资源税的功能定位为：节约保护资源并充分补偿代际间的负外部性，而将后者集中在保护环境并减少污染，解决代内负外部性问题。彭文斌、路江林（2017）[43]基于外部性视角，为解决外部性，必须依靠政府及环保部门提出的正式环境规制和公众、环保非政府组织（简称NGO）的非正式环境规制，并从理论和实证方面演绎了二者的绿色创新机理，为我国经济向绿色发展转变提供一定的参考依据与发展思路。

第三，环境库兹涅茨曲线理论。库兹涅茨（1955）提出经济增长和收入差距之间存在"倒U形"曲线关系，该理论应用于表述环境污染和经济增长之间的这种"倒U形"曲线时，理论上称之为环境库兹涅茨曲线（简称

EKC)，即环境质量伴随经济增长会逐步恶化，达到临界点后又随经济增长在后期得以改善，环境与经济增长呈现出先恶化后改善的轨迹。其后，国外学者多是通过实证研究对环境污染与经济增长两者之间是否存在EKC的假设进行验证，并对检验结果进行多角度的理论探究或政策解读。

1991年，格罗斯曼与克鲁格在探讨北美自由贸易区协议的环境效应时首次提出EKC，1994年约翰与佩奇尼诺（1994）[44]基于重叠代模型推导出环境污染源于消费而非生产环节，资源环境质量在缺乏环保投入的情况下逐步恶化，在动态均衡状态下，当环保投资由零转变为正数时EKC曲线成立。塞尔登和宋（1995）[45]却指出环境污染产生于生产过程，环保治理投资是减少污染排放的关键，只有在资本积累到一定程度时污染治理才见效，且在污染排放量与资本投入量间得到EKC曲线关系。马坎迪（2006）[46]通过分析12个西欧国家人均GDP和大气污染排放的联系，证实了多数国家存在EKC曲线与拐点，且空气污染规制对经济收入和生态环境关系会产生积极影响。

近年来，更多国内学者对我国的EKC进行了研究，试图从不同角度、不同领域以及不同地域等视角阐释并实证经济增长和环境污染之间的关系。杨林、高宏霞（2012）[47]构建了综合污染指数的指标，验证了我国EKC曲线的存在，推导出环境污染与经济增长之间存在使EKC呈现出倒U形的形态。通过对传统的EKC进行了修正，表明可以通过政府调控实现EKC的跳跃，并以此规避环境承载能力阈值之风险。陈向阳（2015）[48]运用内生增长模型的框架对EKC进行理论解释，认为EKC动态地存在于经济的非稳态中，环保投资的充足率是EKC存在的前提，同时通过对中国近十多年来EKC的变化进行分析，实证了经济增长与环境污染之间存在着EKC特征。

国内学者通过对不同省域地市的数据实证分析，更为全面地论证出经济增长与环境污染之间的EKC表现。比如周小亮、吴武林（2016）[49]基于环境库兹涅茨曲线的改进模型，对福建省经济增长与环境污染的关系展开数据分析，发现二者之间存在EKC特征且表现形态多样，环境污染是由多种因素共同造成的综合性问题。刘传江、胡威、吴晗晗（2015）[50]以30个省份的面板数据作为样本，测算了各省份的环境规制强度指数与碳生产率，发现环境规制与碳生产率之间均存在U形关系，碳生产率的库兹涅茨曲线假说亦得到了验证。臧传琴、吕杰（2016）[51]通过选取29个省份的经验数据，实证了经济增长与环境污染水平之间的关系，发现各地区间并不存在严格意义上的倒U形关系，不同地区的条件差别导致了EKC差异性。宋锋华（2017）[52]将SO₂排放量作为衡量环境质量的代理指标，通过构造门限回归模型分析人均GDP和对外贸易度对于SO₂污染的影响。发现经济增长对环境污染的影响符合环境库兹涅茨曲线假说。刘华军、裴延峰（2017）[53]以PM2.5和PM10作为雾霾污染的衡量指标，构建空间Tobit模型对雾霾污染的EKC进行了实证检验，发现雾霾污染与经济发展之间呈现线性递减关系，不存在EKC假说。崔鑫生等（2019）[54]从传统EKC模型入手，采用30个经济体1991—2015年易扩散污染物的数据，使用变异系数法构建了综合大气污染指标，并从发展水平和发展结构两个维度构建了经济体的发展度指数，将异质性因素引入模型并基于随机前沿成本模型，分阶段检验发现U形EKC的普遍存在性。

第四，双重红利理论。一般认为，皮尔斯（1991）[55]在污染税的基础上首次正式提出环境税的"双重红利"理论，学术界普遍认为"双重红利"理论包括环境税能降低环境污染获得"绿色红利"，进而能促进就业，提高经济效率，实现"蓝色红利"。国外学者对"双重红利"理论进行了深入研究，期间大致分为三个历史阶段：最初的思想萌芽和基础理论研究阶段（20世纪20—90年代初）、理论研究拓展期（20世纪90年代中后期）、实证应用完善阶段（21世纪初至今）[56]。多数学者通过理论或实证推演，论证了"双重红利"的存在性及其实现路径。古尔德（1995）[57]提出环境税既可改善环境也能降低税收制度成本，他在CGE 模型（一般均衡模型）之上增加了外部性矫正的经济分析，并将其分为最弱、较强与最强三种形态，通过理论和实证分析论证了环境税双重红利的存在。勃文伯格（1998）[58]重新界定了环境税双重红利的概念，即环境税会改善环境质量也会增加就业机会。通过CGE模型检验了环境税就业与福利效应，发现如果环境税能把税负转移到劳动力之外即可增加就业机会。弗朗西斯科、埃利扎尔德等（2005）[59]通过引入CO_2税与SO_2税，并减少职工工资税的路径，利用CGE模型进行了四次推导模拟，对西班牙安达卢西亚自治区进行环境税过程中存在的环境与经济效应进行了评测，发现当环境税用以补偿职工工资税时会获得双重红利，当引入CO_2税或SO_2税时也可获得"强双重红利"，但利用环境税来降低收入税时则不存在。格洛姆（2008）[60]采用动态可计算一般均衡模型，研究美国提高汽油税、降低所得税的社会效果，发现通过实行绿色税收可以实现改善环境、提高经济效率之目的。国外对双重红利理论的深入研究，在拓展经济学理论研究领域的基础上，亦为政府与市场主体决策提供了思路。

国内研究在理论探索的同时，注重运用该学说理论解决改革与发展中的实际问题，采用实证分析方法拓展双重红利理论的实践价值，对绿色税收怎样实现"双重红利"目标提出了有益建议。如司言武（2010）[61]通过构建环境税经济效应理论模型，推演出在次优税收理论架构下，"双重红利"假说不成立，但引入非同质性假设条件后进行论证时可能成立。陆旸（2011）[62]应用VAR模型对我国的就业双重红利进行模拟，结果显示，若采取征收碳税并减少所得税的"中性"绿色税收政策，将会促进中国低碳部门的产出增长，难以在短期内获得就业的"双重红利"，但是通过改革税收体系，促进低碳经济发展为较优选择。俞杰（2013）[63]基于"双重红利"理论对我国环保税制改革取向的启示，通过整合现有税制，减少税收相互作用的负面效应，试图探索既能体现环境保护，又能提高税制效率并促进经济发展的改革路径。徐晓亮（2015）[64]在节能减排方面的研究表明，资源税改革能有效实现绿色红利，第二重红利的实现短期内负作用明显，长期则利于社会福利改善。熊文、刘纪显（2017）[65]从企业角度对环境保护税存在的问题进行了分析，建议要根据企业污染排放值降低幅度确定其减税幅度，增加税收返还和抵扣，提高税收的绿色化程度，明确环境税返还的原则和用途，以促进实现环境税的双重红利目标。田淑英、徐杰芳（2017）[66]以实现绿色税收的"双重红利"为目标，通过梳理我国的地方绿色税收体系主体税种，分析其中部分税种及整个体系中存在的问题。借鉴国外经验，为完善地方政府绿色税制提供了参考建议。卢洪友、朱耘婵（2017）[67]通过建立省级面板数据模型，实证检验了我国环境税费政策对节能减排、经济增长以及要素收入分配的影响效应。显示环境税费制度对环境改善的作用微弱，经济增长红利得到较好实现，会造成要素收入分配中资本与劳动的差距拉大，需要进一步优化完善绿色税收制度。

除此之外，相关学者亦从不同的学科视角对绿色税收进行了理论关照，例如李英伟（2013）[68]以马克思关于土地资本构成地租组成部分的理论为基础，从而突出并强化了能源环境税的环保功能，发挥其筹集土地资本利息的作用。赵敏（2013）[69]通过考察环境规制理论的变迁，挖掘其内在的经济学根源，建议跳出以效率作为逻辑起点和视角的传统经济学理论，构建了由规制经济学、环境经济学与生态经济学等构成的环境规制理论研究框架，为环境规制夯实经济学的理论基础。贺剑（2019）[70]通过对原《中华人民共和国民法总则》第九条的绿色原则进行了内涵与外延的法经济学解析，断定其有环境保护与节约资源双重内涵。全面的节约资源等同于法经济学的社会成本最小化，据此解释则实现了绿色原则在实证法与教义学适用的逻辑走向。通过多学科的理论展示与实证验证，中外学者对双重红利理论的研究日趋完善并注重实用性，理论与实践的有机结合，更加深化并丰富了其理论内涵与社会功用。

三、绿色税收的施行效应研究

绿色税收在具体的实际施行与模型推演过程中，除了展现出明显的"双重红利"效应之外，还会对市场主体带来积极的企业竞争力效应、创新效应、综合治理效应等正向反馈。

20世纪90年代中期以后，学者们对环境税经济效应的研究逐渐得到加强。以美国经济学家古尔德为代表的部分学者利用CGE模型，在增加外部性经济矫正的基础上，论证环境税兼具经济与环保效应。朔布等（1996）[71]对上述结论提出了质疑，表示若环境税的税率设定过高，则必然会导致税收制度的扭曲效应增加，导致其双重红利效应将无法得到实现。柏乌里等（2005）[72]利用综合分析原则对环境税改革中所产生的具体经济与环境效应进行了量化比较研究，通过对政策和模型的组合调整，实证推演出绿色税收的适用对双重红利效应影响显著。武田（2007）[73]利用多部门动态随机一般均衡模型，对日本近百年的CO_2税进行模拟显示，碳税与劳动税、消费税及资本税之间存在动态的经济效应。

国内方面对绿色税收施行效应的研究越发多元与具体，集中表现为对环境保护治理、行业地域经济效率提升。部分学者通过中外对比及国内省域绿色税收实施的实证分析发现，现实中绿色税收对节能减排、经济绿色转型及整体经济效率提升都存在明显的提升作用。韩晶等（2013）[74]从绿色增长的视角切入，运用四阶段DEA模型对国内各省份的创新效率进行了实证研究。发现对外开放程度、科技创新环境、环保规制对区域创新效率的提升作用明显。曾先峰、李国平（2013）[75]通过梳理中、美两国煤炭资源税费的征收种类与标准，在定量估算的基础上，对中国神华集团和美国Peabody能源公司的税费水平进行了比较分析。结果表明我国矿产资源的税费制度存在结构性扭曲，税负过重且环境负外部成本补偿率偏低，建议减少矿企的一般税费，并按照补偿外部成本的要求适度提高资源税费与环境税费。由于绿色全要素生产效率更能客观地体现在环境约束对测量结果的有偏估计中，李卫兵、梁榜（2017）[76]利用SBM方向性距离函数和Malmquist-Luenberger指数测算了2001—2014年间，国内30个省（市、自治区）的绿色全要素生产率及其分解成分，并依照区域差异对东中西部及其相邻省份的绿色全要素生产率溢出效应进行测度，结果显示均存在显著的正向溢出效应。付莎、王军（2018）[77]通过设计狭义与广义的绿色税收政策强度指数，选取了2001—2015年国内30个省（市、自治区）的数据，在扩展STIRPAT模型的基础上，运用系统GMM方法对绿色税收政策的碳排放效应进行了实证研究，建议从提高地区绿色税收政策强度并实施地区差异化绿色税收政策等方面着手降低碳排放量。何吾洁、梁小红、陈含桦（2020）[78]基于非期望产出SBM-DDF模型并结合Luenberger指数，测算了2008—2016年我国30个省份的制造业绿色转型效率，探究了绿色税收的作用机理和影响效率，证实了绿色税收对制造业绿色转型的促进作用。

此外，对现有税制进行绿化改革的同时，注重对其社会福利的影响研究。徐晓亮（2012）[79]以资源税改革为契机，根据社会经济发展水平构建动态多区域CGE模型，并以石油资源为例研究差异化税率设置的影响。显示差异化的资源税税率对经济发达区域的社会经济影响较大，但可以适度控制各区域资源供给和需求，产生较好的社会福利。秦昌波等（2015）[80]利用GREAT-E模型分析环境税改革后，不同税率水平对宏观经济、污染减排与产业结构等方面的影响，为制定绿色税收制度提供决策依据，并建议对弱势群体进行补贴以减少绿色税收负面影响。安福仁、李沫（2017）[81]对绿色税收与经济增长的长期均衡关系进行了实证分析，发现GDP与财政收入的提高对绿色税收的增长具有正向促进作用，而绿色税收对财政收入和GDP的作用效果甚微，解决问题之道在于，经济增长的同时，更要对绿色税收体系进行改革优化。郑国洪（2017）[82]运用商品税、劳动所得税、资本所得税和碳税，构建了RBC模型研究各种税收政策的绿色效应，结果表明，前三者影响了劳动和资本的配置，从而影响碳排放，而碳税税率直接影响企业生产和活动节能减排，未来应加大减税力度并提高碳税率。朱小会、陆远权（2017）[83]从财政与金融联合治理碳排放出发构建了动态面板模型，采用GMM两步法实证检验环境财税政策与金融支持对碳排放的影响效应。表明环境财税政策与碳排放显著负相关，金融低碳度与碳排放显著正相关。毕茜等（2018）[84]基于沪深两市 A 股重污染行业上市公司的数据，采用面板分位数回归方法，研究了环境税的企业竞争力效应，为环境税效应研究提供了新的视角。于连超等（2018）[85]分析了征收环境税对企业是否具有创新效应，即环境税是否存在降低环境与生产成本的个体福利问题。研究发现，环境税对企业有创新效应也存在门槛效应。孙文远、周寒（2020）[86]通过运用空间计量模型对环境规制对就业结构的影响及其空间溢出效应进行实证研究，结果表明环境规制对就业结构升级正向性推进明显且其空间外溢效应显著。

四、绿色税收制度的供给研究

绿色税收制度作为有效解决能源环境问题的经济手段，越发受到诸多学科领域学者的关注与接受，国内经济学、环境科学、法学及环境能源等学术领域先后提出解决方案，多数从外国模式与经验的引入、国内历史发展的纵向梳理、具体实践试点的实证、税制改革的路径完善与制度设计等角度予以阐释。

通过对国外经验与模式的引介与借鉴，为绿色税收制度的本土化供给提供了有益的指引与参考。赵丽萍（2012）[87]通过分析 OECD 国家环境税负担规模下降的原因，归纳其结构特点及趋势，对我国环境税现状、存在问题与对策进行全面阐释，提出改革重心应放在能源税类的建议。崔景华（2012）[88]对日本的环境税收制度改革进行了全面梳理，发现其不仅影响企业能源使用成本及产品价格，同时也对家庭的最终消费品使用结构造成直接影响，通过对其制度效应进行考察，为我国的环境税制改革及制度体系建设提供了政策借鉴。王金霞、郑凯文（2012）[89]通过梳理欧盟以环境税作为重要政策工具，进行了税收制度生态化改革历程，取得了环境、经济和社会三重良好效益，建议我国应在融入型环境税建设基础上推动独立环境税建设。寇铁军、高巍（2013）[90]在借鉴国外资源税制度改革经验的基础上，结合国情，对深化我国资源税改革提出了政策构想。王政（2013）[91]通过对欧盟国家的环境税体系理论和实践进行引介与阐释，建议我国要加速经济结构转型升级，大力发展低碳经济，建立和完善环境税收制度体系，在适当的时机开征新的环境税种等来鼓励企业低碳发展。李佳（2016）[92]以科学发展观为指导，通过对美国、丹麦等西方绿色税收制度发展成熟国外经验的引介与借鉴，对构建与优化我国绿色税收制度的路径进行了探讨。

通过对绿色税收基本理论的界定与选取，为制度的供给奠定理论支撑与价值取向。代荣杰（2009）[93]从我国环保与生态现状出发，以科斯定理和庇古税为经济学理论依据，着重论述了现阶段要以庇古税思想为基础，对构建我国环境保护税收制度的思路与税制设置提出了具体建议。高萍（2013）[94]对环境税收制度的理论基础、税收政策的设计框架进行了深入研究，提出应采用多维度的复合理论为基础，并遵循税收中性原则平衡约束性与激励性手段的关系。李香菊、杜伟（2015）[95]依据庇古税和双重红利等研究理论，针对我国当前绿色税收偏低、绿色税种要素不合理及税收法定落实不到位等现状，建议采取中性且渐进式的绿色税制改革路径。徐会超、张晓杰（2018）[96]在通过对绿色税收制度概念的阐述基础上，论述了对其进行制度完善的必要性，针对现行绿色税收制度的发展现状及不足建言献策。

通过对绿色税收相关法律法规及政策的解读，展现出法学视角的现实关切与法治导向。刘隆亨、翟帅（2016）[97]认为在环保领域应采取伞形结构的税制立法，建立以环境保护税为主体，相关税种与环保税收优惠为补充的绿色税收体系，以期为解决环境问题并助推国家绿色发展提供制度依据与法制保障。张成松（2017）[98]以全面推进资源税改革为切入点，对资源税改革的体系与立法指向进行推演。提出要充分考虑与相关税种的协调与协同立法，实现财政、环保与纳税人权利保护目标。冯俏彬（2018）[99]从税收制度角度出发，通过对现行环保税法的实施及环保税的征收进行论证，阐释了绿色税制引导绿色发展的意义与现实路径。董战峰等（2020）[100]通过对"十四五"

期间的绿色财税政策改革解读，从深化环境保护税改革、建立绿色消费财税引导机制与扩大消费税绿色化调控范围等方面提出了对现有绿色财税制度的完善建议。

多数学者通过对绿色税收制度发展历史的纵向梳理与现实的税制改革考量，基于对具体实践的经验总结以及碳达峰、碳中和的资源环境背景，立足多学科的交叉与融合，提出诸如完善绿色税制、构建绿色税收体系及开征碳税等理论与实务相结合的绿色税收制度供给建议与设想。

曹明德、王京星（2006）[101]针对我国环境税收制度的现状问题，建议以可持续发展为核心，以生态利益为本位，以实现代际公平为主要目标进行重新的价值定位，从调整资源税和消费税、完善税收优惠政策和征管制度等方面完善我的环境税收制度。白彦锋（2009）[102]认为传统的流转税与所得税税制难以解决经济发展与环境优化的矛盾，在对现行税制进行剖析分析的前提下，对如何构建绿色税制进行了全面论述。张新（2009）[103]提出鉴于激励力度不够和税制体系不完善，导致现行的节能减排税收优惠政策效果不佳，现阶段应以调整税制为主，开立新税种以促进产业结构升级，逐步完善循环经济的税收体系。靳东升、周华伟（2010）[104]全面回顾了我国资源税的发展历史，在系统总结资源税存在问题的基础上，提出了完善现行资源税收制度的具体建议。先福军（2010）[105]结合我国率先在新疆进行原油、天然气资源税改革实践，对改革前后税制变化进行对比分析，并对资源税改革深层次问题进行了探讨，为进一步推进资源税费改革提出了政策建议。陈诗一（2011）[106]从促进减排和低碳转型的角度展开，通过对工业部门的CO_2排放强度与碳税征收影响分析，在确定碳税税率时要体现环境税的制度价值。对碳税的征收策略进行长短期及行业规划。崔景华、李浩研（2012）[107]通过分析碳税与能源税在课税对象、课税目的等方面的共性价值，厘清二者之间关系及定位，协调两者制度协调模式，合理分配税收负担，从而提升碳税与能源税的效率。李永刚（2012）[108]利用计量经济学模型进行实证分析，主张开征碳税是减少碳排放的重要政策手段，通过开征碳税既可以促进经济增长，也不会对社会发展产生较大的负面影响。邓晓兰、王赟杰（2013）[109]通过大中小三个统计口径指标，对近十年来我国税收制度的绿化程度进行了测算，建议政府应该以绿色税制理念梳理现行税收制度，建立流转税、所得税和环境税三足鼎立的绿色税制结构。文学、李心愉（2013）[110]基于"相对价格"理论建立模型，通过 VAR 模型实证考察了税收政策的长短期供给效应，从供给角度解释税收政策的传导机制，发现随着市场经济体制的不断完善，税收政策的供给效应逐渐凸显，从而促进经济保持高增长发展态势。张海星（2014）[111]从信息经济学的分析视角，阐述了环境税作为市场环境价格信号的经济优势，分析了环境税对我国经济增长、企业竞争力和居民生活水平的经济影响，并提出了环境税制构想与政策建议。陈莹莹（2015）[112]从我国的环境税收体制现状出发，基于对国外相关经验的借鉴，对我国环境税税制要素的设计思路以及在税务征管过程中遇到的难点问题等方面，进行了有针对性的研究与探讨。葛玉御（2016）[113]用绿色发展理念审视我国的税制绿化进展与不足之处，建议以构建约束性的绿色税制为主，通过培育纳税人的绿色环保意识并拓展多渠道的激励性绿色税收措施，以"互联网＋税务"提升税收征管水平为保障，全面促进并加强我国现有的绿化税制建设。国家税务总局税收科学研究所课题组（2018）[114]认为绿色发展要在税制改革与政策设计过程中，要树立绿色发展理念的基础上，将绿化税制作为税收政策调整的目标之一，并依托技术进步与社会情势变更，有层次地推动税制的绿化进程，逐步优化绿色税收制度的供给。杨磊（2018）[115]全面分析了构建绿色税收体系的制约因素，建议通过对现行各税种的绿色税收政策进行整合集成，统筹财政收入、市场经济主体税负等因素，全面构建绿色税收体系。许轲名（2019）[116]基于可持续发展之视角，以我国税收征管方式为研究对象，针对我国绿色税收之问题，提出建立与完善绿色税收体系，提高现行税制的"绿色化"程度，丰富现有的税收优惠政策，建立与完善绿色经济法律法规体系的具体变革与优化对策。欧阳洁、张静娈、张克中（2020）[117]详细分析了财税政策促进生态创新的作用机理，运用全生命周期视角介绍了推进生态创新的财税政策工具组合，探讨了制约生态创新的现行财税政策因素，并对构建生态财税政策体系提出了具体的可行性建议。张莉、马蔡琛（2021）[118]立足当前碳达峰碳中和的背景，对现行绿色税制优化进行研究，提出要优化现有税制中针对碳排放和森林资源开发利用的限制性税收，改革相应的税收优惠政策，促进生产和生活的绿色转型，开征碳税并合理设计碳税制度。于佳曦、宋珊珊（2021）[119]依据税收在提高资源利用效率方面的重要作用，实证了资源税可以显著提高煤炭和天然气利用效率，通过提高煤炭资源税的最低幅度税率，对森林、滩涂等自然资源开征资源税，对实现碳中和目标的资源税制度改革提供路径参考。许文（2021）[120]认为在我国已实施碳排放权交易的背景下，应该在碳减排机制和政策上拓展实现思路，重新审视征收碳税的问题，权衡经济社会发展与碳减排之间的关系，因时制宜选择碳税的实施路径，协调碳税与碳排放权交易的关系，制定相关实施策略。

综上所述，通过对"绿色税收"及"绿色税收制度"为主题与逻辑起点进行的现有文献梳理，对绿色税收概念的演进与界定及其基础理论的研究逐步达成共识，作为有效应对全球资源环境问题的经济手段，对绿色税收施行效应的研究梳理论证，其实效性全面且显著，对绿色税收制度的供给现状进行多学科的梳理研究，对本选题及后文写作提供充分的文献支撑与逻辑准备。

五、研究评述

进入新世纪以来，面对能源危机与环保问题的挑战，理论与实务界的国内外学者对绿色税收及其制度的研究日益深化。从目前检索到的文献梳理与综述可见，国内外学者对绿色税收的背景与概念、理论基础与价值功能、具体内容与实施效应、制度供给与具体实践成效等方面，都做出了比较广泛而深入的探究，理论成果丰富且现实效应明显，基本上为绿色税收制度的有效供给及优化完善奠定了坚实的理论基础与实效准备。但总体来讲，对绿色税收及其制度供给方面的现有研究并未成熟完善，某些方面仍显不足。具体言之如下：

第一，理论方面，基本概念尚未统一，理论体系亟待完善。绿色税收及其制度研究需要建立完善的理论体系，作出科学的概念界定，准确地阐释绿色税收的内涵、性质与要素，制度构建的原则、路径与方法。现有文献对绿色税收的理论发掘与阐释稍显不足，理论体系亟待完善与优化。集中表现为对绿色税收概念界定时的一家之言与转叙赘述，基于历史演进与国别差异，对概念内涵的界定历经作为单一环境税种的提出，再到应对资源环保问题的经济选择这一发展历程，内涵虽日趋一致，但理论皈依依然差异明显，国外如此，国内尤甚。对制度构建探究时的固化定式与刻板复制，远未达到绿色发展对绿色税收制度需求的匹配与供给质量，对资源环境问题不能提出有效的整体解决方案。较多文献通过实证分析研究绿色税收对经济发展与产业政策的影响程度，对环境保护与资源利用效率的提升效应。而对绿色税收制度的理论关切较少且有所侧重，经济与环境学科的理论涉猎研究尚可，法学与社会学的理论拓展缺失明显，造成系统的研究框架与理论体系亟待补强。

第二，内容方面，领域相对传统，有待拓展扩容。现有文献的研究内容集中于环境污染防治和资源能源利用领域较多，生态保护领域稍显不足。目前绿色税收及其制度研究，主要内容集中在资源能源利用与环境污染防治两个领域，侧重以资源税和能源税等为研究对象，对于生态保护领域中的税收制度研究明显不够。在学科分布层面，现有研究以经济学为主，环境科学次之，法学等相对弱势偏少。中外研究成果多数是以经济学为主流理论溯源及视角方法的选择展开论述，法学领域的研究明显偏少，即便是在《中华人民共和国环境保护法》（以下简称《环境保护法》）业已实行的当下，对实现绿色税收制度研究的理论体系构建缺失明显。绿色税收制度作为一种应对资源与环保问题的经济制度选择，本质上与法律制度具有同宗同源的公权力属性，对其内容的研究必然要求拓展并回归到法制的框架之内进行进一步补强与完善。通过运用经济学与法学的多重视域，对于绿色税收制度的供给研究实现不同学科的合力挖掘，才能实现对绿色发展理念的学理支撑。

此外，现有文献对绿色税收制度供给的具体要素的研究较为丰富，但暴露出对实际应用中保障性制度的关注较弱。比如，对绿色税收实践中如何建立契约式的税收关系，如何构建多元主体参与机制，如何实现均衡税收关系中各参与主体的利益分配，如何完善税收征收管理体系提升税收遵从度，如何有效管理使用绿色税收收入等方面尚未展开充分研究。

第三，方法方面，实证面窄，规范不足。现有文献成果对绿色税收制度的具体安排与施行效应的研究较为丰富，而规范性研究则稍显不足。多数文献在既定的绿色税收及其制度概念的基础上，运用经济学等学科理论进行演绎，通过对国内外施行情况的描述与解释，针对存在的问题进行政策建议与制度设计，缺乏基本理论的价值指引与具体准则的技术梳理。规范性逻辑思辨与数理演绎的缺失，导致对绿色税收制度供给问题的研究缺乏对资源及环境保护问题进行本源性探究的归纳与溯源，不利于形成理论推理的逻辑性与体系性。实证层面的数据选取、变量适配以及结果的经济效应、环保效应反馈面较窄，描述有余，分析不足，建议很多，论证欠缺。

由此可知，现有文献对于绿色税收及其制度供给的研究，从理论溯源、内容构建与方法运用等方面，取得的进展与成果为绿色税收制度的供给与实施奠定理论基础与内容储备，相关研究也方兴未艾、与时俱进。新形势下本书秉承绿色发展理念，在借鉴前人研究成果的基础上，拓展绿色税收的理论溯源与实证论据，创新方法整合现有学术资源，为绿色税收制度的构建与完善提供更加丰富的理论供给与路径优化，更好地解释并回应时代发展之能源环保问题，以期对推动实现经济高质量发展和生态环境治理体系现代化有所帮助。

第三节　研究内容与方法

一、研究内容

绿色税收制度作为解决环境问题与提高资源合理利用的有效制度选择，对推进我国税制绿化改革与促进绿色发展大有裨益。本书综合运用经济学、法经济学、计量经济学等理论方法，在借鉴西方发达国家绿色税制经验基础上，梳理了我国绿色税收制度的供给现状，根据其实证情况与现存问题提出了完善建议。主要研究内容如下。

（一）文献综述、基本概念与基础理论的界定

以时间为序，围绕绿色税收及绿色税收制度的现有研究文献进行梳理与评述，并据此界定了绿色税收和绿色税收制度的概念和内涵。通过采撷经济学理论发展之脉络，探究国内外对绿色税收及其制度研究的理论溯源及认知演进历程。据此构建由负外部性理论、双重红利理论、制度变迁理论与制度供给理论构成的绿色税收制度理论体系，为后期行文做好基础理论的铺垫与相关学科的学理支撑。

（二）国外绿色税收制度的主要经验与借鉴

"他山之石，可以攻玉。"当前，欧美发达国家已构建了一套行之有效的绿色税收体系，通过选取瑞典、荷兰、日本、美国及德国五个主要发达国家，对其绿色税收制度的历史沿革与税制具体内容进行梳理，分析其绿色税制的特点与不足，从中找寻对我国绿色税收制度的完善与改进可以借鉴的有益经验与参考。

（三）我国绿色税收制度供给的现状及问题

从绿色税收制度的现状出发，通过对我国绿色税收制度的历史沿革和发展进行纵向梳理，并结合现实的税制改革现状进行考量，对绿色税种体系及其优惠政策、非正式规则及其征管机制等内容进行了系统分析，全面分析了

我国绿色税收制度的供给现状和存在的突出问题，发现现有绿色税种体系、绿色税收优惠政策、绿色环保与绿色发展理念、征收管理机制与碳税制度等内容有待完善与补强，旨在为进一步开展实证研究和提出对策建议奠定基础。

（四）我国绿色税收制度的环境效应研究

本书从节能降耗和降低污染排放量两个方面分析了绿色税收对环境保护的影响，基于2001—2019年我国30个省（市、自治区）的数据构建动态面板模型，并运用系统广义矩估计方法得到模型估计结果进行实证分析。考虑多个环境污染水平的影响因素，并采用熵值法对环境污染水平进行系统测算得到综合污染排放指数，从整体上考察我国绿色税收的污染减排效应，从而为我国绿色税收制度的完善提供经验依据。

（五）我国绿色税收制度的经济效应研究

产业结构升级是实现高质量发展的关键与经济结构优化的重要环节，实证表明绿色税收可以对经济发展的构成要素进行矫正与优化，当前国内外学者关于税收对经济增长的影响尚未得出一致的结论。本部分内容继续通过实证研究从经济发展水平和产业优化两个方面分析绿色税收对经济的影响，通过构建动态面板模型，并运用系统广义矩估计方法得到模型估计结果进行分析。基于我国的现状进行实证分析，以明确绿色税制进一步完善与优化的方向。

（六）完善我国绿色税收制度供给的路径与展望

绿色税收制度供给现状不足以满足税制绿化及经济高质量发展之需求，在对其进行完善与优化的进程中，要注重以绿色发展理念为引领，按照公平与效率原则、税收中性原则与税收法定原则，构建整体推进的框架与设定路线图，建议采取循序渐进的模式，分别从整合并优化现有绿色税种体系、重视并强化绿色发展意识形态、规范并改进征收管理机制与适时开征碳税等具体内容予以推进，逐步实现税制绿化并推动绿色发展。

二、研究方法

（一）文献分析与归纳演绎方法

本书以时间为序，通过文献分析方法探究了国内外对绿色税收及其制度研究的理论溯源及认知演进历程。同时，针对绿色税收制度的具体供给与存在的问题，以及对其进行制度完善的建议部分，对内容层次丰富及逻辑梳理较为烦琐环节，较多地运用归纳演绎与演绎归纳相结合的方法予以全面呈现。

（二）历史分析与比较分析方法

采用历史分析方法对我国绿色税种体系中所包含的9个绿色税种，对其各自的历史演进过程进行了纵向简单梳理，展现出不同历史阶段中绿色税种的定位与职能变化。同时，通过对瑞典、荷兰、美国、日本与德国等发达国家的绿色税制进行横向比较借鉴，总结其特点与不足之处，为我国绿色税制供给提供了理念原则、税制要素及意识形态等方面的有益借鉴。

（三）理论研究与实证检验相结合的研究方法

通过对绿色税收及制度供给相关的经济学理论进行梳理，构建了由负外部性理论、双重红利理论、制度变迁理论与制度供给理论构成的绿色税收制度之理论体系，为分析和研究绿色税收制度供给问题提供经济学的理论支撑与逻辑前提。从污染减排、节能降耗、经济增长速度、产业升级水平等视角构建动态面板模型来检验绿色税收对环境和经济的双重影响，并基于我国30个省（市、自治区）的数据，运用系统广义矩估计方法得到模型估计结果进行实证分析。理论研究为实证研究提供理论支撑，实证研究与理论研究紧密结合。

三、研究技术路线

研究技术路线见图1.4。

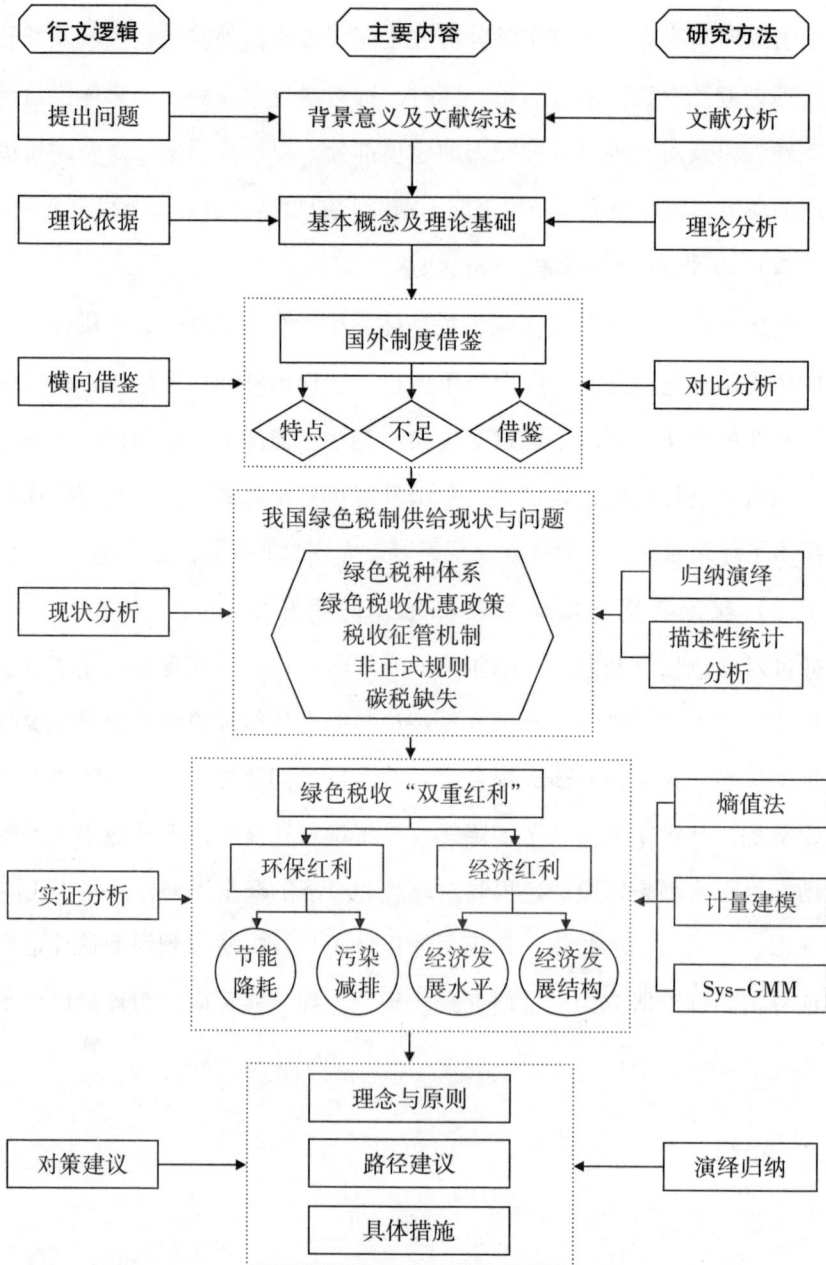

图1.4　研究技术路线图

第四节　主要工作和创新

一、研究视角的创新

本书立足于新制度经济学的制度变迁与制度供给理论，基于法经济学视角对现行绿色税收制度供给问题进行全面分析研究，即在对现行绿色税收制度供给及问题进行分析的基础上，有针对性地开展国际横向借鉴，并对国内具体施行情况进行实证检验，进而对绿色税收制度供给的完善优化，提出宏观路径与微观措施的具体建议。

二、研究内容的创新

对绿色税收及绿色税收制度的内涵进行了重新界定，将绿色税收的内涵扩展并界定为：以环境保护税与资源税为主体，包括消费税、城市维护建设税、耕地占用税、城镇土地使用税、车辆购置税、车船税与烟叶税等9个税种的绿色税种体系及相关税收优惠政策。将绿色税收制度的内涵扩展并界定为：绿色税种体系、绿色税收优惠政策、非正式规则及绿色税收征管机制等4个方面内容，并基于此内涵界定对绿色税收制度供给问题展开全面分析与完善建议。

三、研究方法的创新

以往的文献中，关于税收对环境影响的实证分析以及环境库兹涅茨曲线的研究领域，多数学者仅选择某一特定污染物作为反映该区域环境污染水平的指标，代表性不足，不能全面反映某一区域的污染程度；还有一些学者将环境污染分割成工业废水、工业废气、工业固体废物排放这三部分内容分别进行研究，研究的也只是税收对单独某一种污染减排的效应，并非整体环境的污染减排效应。有鉴于此，为避免简单的单指标测度方法可能会导致效果分析的偏差，本书考虑多个环境污染水平的影响因素，采用熵值法对环境污染水平进行系统测算并得到综合污染排放指数。

同时，将绿色税收的双重红利效应进行了具体细化。第一重环境红利从污染减排与节能降耗两个角度进行实证分析；第二重经济红利从经济增长速度与产业结构升级两个维度展开讨论。相比以往的研究只集中在某一个方面进行实证分析，本书从整体上考察了我国绿色税收的双重红利效应。

第二章　绿色税收制度的概念界定及理论基础

绿色税收作为有效解决环境资源问题之经济手段，中外学者对其概念界定未有定论。本章主要运用文献与历史分析的方法，在对绿色税收及其制度的基本概念进行界定的基础上，通过对绿色税收制度的相关概念及理论进行梳理，为全书的行文写作奠定理论基础。

第一节　绿色税收的相关概念界定

一、绿色税收的基本概念

税收作为国家财政收入的最主要来源，是维系公共权力运行与提供公共产品的财政基石，兼具调控宏观经济与调节收入分配之社会效能。随着税收在环境保护领域的作用凸显，绿色税收之概念便应运而生。寻本溯源，绿色税收之思想源于英国经济学家庇古，在涉及环境污染问题时，他主张政府应该向污染主体进行征税，以实现资源的优化配置，后世谓之"庇古税"，即为绿色税收之雏形。"绿色税收"概念由欧洲经济共同体理事会于1975年3月正式提出。

基于研究视角与研究方法之差异，外加内涵与外延之变迁，国内外对绿色税收之概念界定众说纷纭。通过文献分析及概括梳理，古今中外关于绿色税收及相近含义之表述主要有以下两类。

狭义说。认为绿色税收即环境保护税（简称"环境税"）或"生态税"，是对造成环境污染与生态破坏的社会主体征收的特定对价税种，是"污染者付费"原则在税收领域的税种表现形式，目的在于使污染者支付与其造成环境污染程度相当的对价。我国现行的环境保护税是典型的狭义绿色税收，是为了保护和改善环境，减少污染物排放，直接向环境排放应税污染物的企业事业单位和其他生产经营者而征收的专门性税种[①]。这是对排污收费进行费改税之产物，目的在于让纳税人承担相应的污染治理与生态修复成本，激发税收对经济行为的调控与引导机能，助力产业升级与绿色可持续发展。

广义论。作为绿色税收狭义说的拓展与升级，广义的绿色税收是指在征收环境保护税与资源税等主体税种的基础上，拓展到为了实现环境保护与可持续发展而征收的相关"绿色"功能的税收种类与税收政策。其中，学界为了研究方便及阐释路径的科学严谨，亦有中义的绿色税收概念之说，其主要内容是在狭义概念的基础上加入了自然资源税与生态保护税因素，主要意义在于有助于学理上基于不同层次实现对绿色税收认知的渐进与深化。

由此可见，绿色税收概念的狭义到广义的演进与变迁过程，充分展现出绿色发展背景下现代税收调控职能的拓展与深化，深刻契合了新时代实现经济发展与环境保护协同共进的发展理念。在此意义上，本书更倾向于采取广义的概念方式来界定绿色税收。与此同时，基于概念的思维特质，作为本书的核心概念，很有必要对绿色税收、环境税、生态税、资源税、环保税等称谓相近但含义不同，却又与环境保护相关之概念作出区分，以便行文统一。

本书所称环境税（Environmental Tax），是指为了保护环境与维护生态稳定，对造成环境污染及生态破坏主体而设立的特别税种，也被称为生态税（Ecological Tax），其中，环境保护税（即环保税）是典型的环境税主体税种。

[①] 全国人大常委会：《中华人民共和国环境保护税法》第一条、第二条，2018年1月1日。

资源税（Resource Tax）是指对开发和利用自然资源的单位和个人，依据其对自然资源的开发利用程度所征收或减免的一种税，比如矿产资源税与水资源税等。而广义上的绿色税收概念则更为宽泛，泛指税收体系中与环境保护及资源利用相关的税种集合。行文至此，本书将绿色税收之概念定义如下：所谓绿色税收，是指为促进环境保护、合理开发利用自然资源、维护生态平衡、推行绿色生产与消费为目的，对市场主体所开征的环境税、资源税和其他与环境保护相关的税种及税收政策。由此可见，本书对绿色税收的概念广义界定既包括专门的绿色税种，比如环境保护税，也包括现有税收体系中与环境保护相关的税种。需要说明的是，鉴于现行的环境保护税是基于"费改税"的延续，由原来的排污费按照"税负平移"与"税收中性"原则顺延演化而来，故将其列入绿色税收的概念范畴予以考虑。

二、绿色税收的具体内涵

内涵是对概念内容的具体表述。鉴于中外学界对于绿色税收概念的界定尚未统一，对绿色税收之内涵表述亦有广义、狭义之分。狭义之内涵专指环境保护税，根据我国《环境保护税法》的规定是为了保护和改善环境，减少污染物排放，推进生态文明建设，所征收的专门绿色税种。广义之内涵则可概括为现行税收体系中，一切有利于环境保护的税种集合以及相关的税收政策。

基于前文对绿色税收概念的广义界定，本书所界定的绿色税收之内涵不仅包括环境保护税，还包括资源税、消费税、耕地占用税、城镇土地使用税、车船税、车辆购置税、城市维护建设税、烟叶税等绿色相关税种，以及企业所得税、增值税等在税收优惠政策上对节能降耗、污染减排等方面做出相关规定的其他税种。这些相关绿色税种分别在税目、税率和优惠政策等方面，对促进环境保护、合理开发利用自然资源、维护生态平衡、推行绿色生产与消费方面都做出了相关规定，是对环境保护税的补充和扩展。

资源税是对我国境内从事开发能源矿产、金属矿产、非金属矿产、水气矿产和盐等应税资源的单位和个人，所征收的自然资源开发利用税种。其是为了调节资源级差收入并体现国有资源有偿使用而征收，有助于理顺政府与企业分配关系，促进资源行业健康发展，规范税费关系，促进资源节约与高效利用，充分调动了地方发展经济与组织收入的积极性。

消费税是以销售、委托加工和进口应税消费品的单位和个人为纳税人，针对特定的消费品与劳务进行课税的一种间接税，属于流转税的范畴。其中，对影响生态环境的产品、不可再生资源、高污染高能耗产品等税目进行征税，构成消费税的绿色税收范畴，消费税目的在保证国家财政收入基础上，主要是为了调节企业产品结构，引导居民消费方向与升级。当前消费税改革势在必行，消费税的改革方向是逐步向高档消费品和资源消耗大的产品征收，《中国人民共和国消费税法》（以下简称《消费税法》）的出台已经提上日程。

城市维护建设税又称"城建税"，是以纳税人实际缴纳的增值税、消费税税额为计税依据，依法计征的一种税。其没有独立的征税对象或税基，而是以增值税与消费税实际缴纳的税额之和为计税依据并同时附征，以城建规模设计税率的一种附加税。现实中城市维护建设税为解决城市环境问题提供了长期而稳定的专项资金支持，用于改善城市大气和水环境质量。

耕地占用税是以在我国境内占用耕地，建设建筑物、构筑物或者从事非农业建设的单位和个人为纳税人，以占用农用耕地建房或从事其他非农用建设的行为为征税对象，采用地区差别税率，以经济手段保护有限的土地资源，尤其是耕地资源，以约束纳税人占用耕地的行为，促进土地资源的合理运用与保护，本税种兼具资源税与特定行为税的性质[①]。

城镇土地使用税是指国家在城市、县城及工矿区范围内，对使用土地的单位和个人，以其实际占用的土地面积为计税依据，按照规定的税额所开征的税种。作为能源税种与耕地占用税共同构成了土地类的绿色税种，其开征意义在于合理利用城镇土地，调节土地级差收入，提高土地使用效益。

---

①全国人大常委会：《中华人民共和国耕地占用税法》第二条，2018年12月29日。

车辆购置税是按照《中国人民共和国车辆购置税法》（以下简称《车辆购置税法》）规定，在我国境内购置汽车、有轨电车、汽车挂车、排气量超过一百五十毫升的摩托车的单位和个人为纳税人，在汽车销售环节实行一次性征收税率为百分之十的购置税，当前对购买新能源车可以免交，其本质上是一种消费税，与车船税配套鼓励使用小排量汽车，减少废气排放①。

车船税是针对我国境内车辆、船舶的所有人或者管理人，按照车辆的排量大小或质量大小，船舶的吨位或船身长度征收的税种，统一由保险公司与交强险同时代收缴纳，是对汽车在使用环节征收的税费，对节约能源、使用新能源的车船可以减征或者免征车船税。其本质是一种财产税，目的在于引导汽车、船舶的合理消费并促进节能减排。

烟叶税是指依照《中国人民共和国烟草专卖法》（以下简称《烟草专卖法》）的规定以收购烟叶的单位为烟叶税的纳税人，对收购的烤烟叶与晾晒烟叶，按照纳税人收购烟叶时实际支付的价款总额的百分之二十的税率予以征收的税种，是由原烟叶特产农业税延续而来，也是第一部由税收暂行条例上升为税收法律的税种立法。通过"寓禁于征"的方式，在兼顾了农民收益、农业发展的同时，为地方政府加强环境保护建设提供了资金支持。

此外，近年来增值税和企业所得税等其他税种中对环境保护等绿色条款日益增加，主要通过出台税收优惠政策，从生产环节鼓励企业节能减排并加强环保投入，比如根据现行企业所得税政策规定，从事大气污染防治和环境保护的生产经营所得，可免征、减征企业所得税。为环境保护发挥了积极引导作用。需要说明的是，以上税种的相关规定仅作为绿色税收的优惠政策使用，并非本书所讨论的绿色税收相关税种。

---

①全国人大常委会：《中华人民共和国车辆购置税法》第一条，2018年12月29日。

第二节 绿色税收制度

绿色税收作为有效应对资源与环保问题的经济手段，其本身兼具经济与法律属性，是二者的有机融合。一般意义上来讲，制度是指在特定历史条件下人们共同遵守的行为规范，通常以规章制度、规定、办法及细则等专用词汇予以表述。绿色税收制度即政府对绿色税收领域进行规范的具体要求。

新制度经济学家诺斯认为，制度是一个社会的博弈规则，其可被视为一种由个人或组织生产出来的公共产品。由于人们的有限理性和资源的稀缺性，制度的供给是有限的、稀缺的，制度本身具有先天的有限性与滞后性，处于不断发展变化与完善优化过程中。由此可见，从社会规范角度可以将绿色税收制度定义为：国家制定认可的，为促进环境保护、合理开发利用自然资源、维护生态平衡而征收的，带有绿化性质的税收法律法规及规章制度及征收管理政策的规范集合。既是国家税务机关征收绿色税收的法制依据，也是纳税人缴纳绿色税收的规范遵循。

从制度的构成要素来讲，通常构成制度的要素主要有正式规范（比如法律法规）、非正式规范（比如惯例习俗）以及对前两者的具体实施方式。具体到绿色税收制度概念界定中，则主要涉及主体税种、税种之间的关系以及具体税收的征管问题。据此，可以将绿色税收制度作出以下定义：绿色税收制度是国家按照环境保护及绿色发展之原则要求，着力构建的以主体绿色税种及相关绿色税种共同组成的绿色税收体系，以及实现绿色税收体系的征管机制。

行文至此，本书将绿色税收制度定义为：是指在可持续发展理论指导下，为保护和改善环境、合理开发利用自然资源、维护生态平衡，由国家制定、认可并组织实施的绿色税收体系及其征收管理机制。具体包括四部分内容：绿色税种体系、绿色税收优惠政策、非正式规则及绿色税收征管机制（图2.1）。

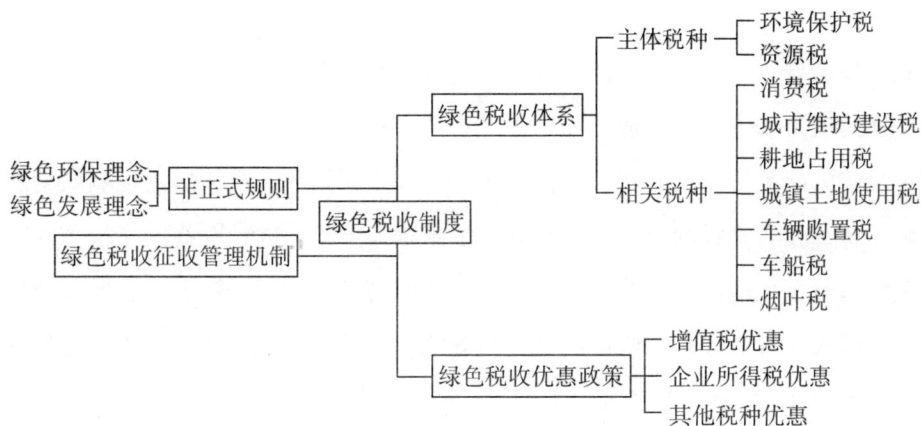

图2.1　我国现行绿色税收制度

一、绿色税收主体税种

根据前文对绿色税收及绿色税收制度的广义界定，本书将绿色税收制度的主体税种确定为环境保护税与资源税两种。之所以这样设定，一方面是回应现有生态领域中税收供给缺乏的现状，将绿色主体税种中加入资源税这一生态税种。另一方面是基于两者对保护与改善环境，实现绿色发展作用明显，前者作为法定的环境保护绿色税种，后者作为对自然资源进行征税的法定税种，两者具备税基大、绿色发展引领力强的税制优势，对保证环境治理资金供给，引导市场经济的绿色发展与税制优化，提高民众环保意识与加强国际交流合作意义重大。

（一）环境保护税

2018年1月1日，《环境保护税法》正式实施。作为我国第一部由单行税法所规制的绿色税种，环境保护税是绿色税制发展的一个重要里程碑。根据我国《环境保护税法》的规定，其是为了保护和改善环境，减少污染物排放，推进生态文明建设，在我国领域及所管辖的其他海域，针对直接向环境排放应税污染物的企业事业单位和其他生产经营者，以大气污染物、水污染物、固体废物和噪声为应税污染物，所征收的专门绿色税种。

同时，作为排污费的法制升级版，是对排污费按照"税负平移"与"税收中性"原则予以演化而来，旨在推进环保领域的税费改革，从根本上解决现行排污费制度存在的执法刚性与规范性不足等突出现实问题，从税收法制层面约束市场主体，形成加强环境保护及主动减排增效的内在约束机制。作为法定的绿色税种，其将应税大气污染物和水污染物的具体适用税额的确定和调整，授权省级政府统筹安排并依法定程序上报备案，并规定了较多的减免情形与领域范围，这些都表明其本身的生态价值大于经济意义，旨在通过法律形式实现对绿色税收的制度化与规范化引领，在促进绿色税收法制化进程中提升社会主体对保护与改善环境、维护生态平衡的自觉性与规范性。

（二）资源税

《资源税法》于2020年9月1日起正式实施，其在全面落实税收法定原则的基础上，促进资源能源的节约高效利用，既将资源税从价计征的改革成果上升为法律，又为水资源税改革试点提供了法律依据，从价计征制度完善了税收调节机制，优化了征管操作并为纳税人提高了便利程度。当前，以资源税为代表的五大资源类税种已全部实现了税制法定。

具体内容方面，拓展了征税范围。由原来的针对矿产品及盐类资源扩展到"开发应税资源"，并授权国务院进行水资源改革试点，为改革决策预留空间；规范并细化了具体的税目，将全部164个应税资源品目在所附《税目税率表》中逐一列明；规范了减免税管理，对长期实行且实践证明行之有效的减免税政策予以法律确定，对阶段性优惠政策则授权国务院予以适时调整；明确了分级分类确定税率的权限划分方式与按原矿、选矿分别设定税率。据财政部公布的2022年财政收支情况，资源税实现财政收入3389亿元，同比增长了48.1%。

二、绿色相关税种

根据前文对绿色税收的界定，除了环境保护税与资源税作为主体税种之外，还有消费税、耕地占用税、城镇土地使用税、车船税、车辆购置税、城市维护建设税、烟叶税等绿色相关税种，共同构成了我国现行绿色税收的税种体系。其中，环境保护税、资源税、耕地占用税、车船税、烟叶税属于资源环境类税种，城镇土地使用税、耕地占用税兼具资源税与特定行为税的性质，车船税本质是一种财产税；消费税作为一种间接税，属于流转税的范畴，车辆购置税其本质上是一种消费税、行为税，而城市维护建设税是在增值税、消费税基础上的附加税。

资源环境类的绿色相关税种中，除了环境保护税与资源税外，其余是基于对现有土地、车船及烟叶等自然资源及生产生活资料，对其进行占有及使用的过程中进行征税，在获取财政收入的同时，实现对以上资源的合理利用。消费税则是通过对特定消费品及消费行为进行征税，尤其是针对高污染高能耗高排放的行业及产品，利用税收杠杆对消费行为及产品进行绿色调控，促进实现产业产品结构的优化与环境保护的双重红利。车辆购置税则是在购买车辆时候一次性缴纳的消费税与行为税，通过相对较高的固定税率实现经济效应与环保效应的立税目的，一定程度上对调节汽车高低排量的生产与消费起到适度调节作用，并对新能源汽车行业起到重要的助推与引导作用。城市维护建设税没有独立的征税对象或税基，是附属于增值税、消费税征收基础上的二次税收，其主要职能在于提供维护城市建设发展的专项资金支持。

三、绿色税收优惠政策

现有的绿色税收制度中，除了环境保护税及资源税的主体税种，以及资源环境类等绿色相关税种之外，绿色税收体系中相关税种的税收优惠政策亦必不可缺。伴随税制绿化改革与减税降费政策的推进，税收优惠政策作为国家利用税收调节经济的具体经济手段得到广泛应用，国家通过税收优惠政策扶持特定地域及相关产业发展，促进产业结构优化调整与经济社会协调发展。

在我国现行的税收体系中，某些税种并未直接设置与环境保护相关的明确条款规定，但是在针对节能环保产业发展及鼓励企业节能减排等方面，都有较多绿色税种导向性的优惠及减免具体规定。比如，企业所得税中对从事环保与节能类项目所得及专用设备投资，都可以在计算所得额时予以减计或者按照比例实行税额抵免。个人所得税中对省级人民政府、国务院部委和中国人民解放军军以上单位以及外国组织、国际组织颁发的环境保护方面的奖金，免征个人所得税①。又如在增值税中，对资源进行综合利用以及采取废物回收，充分应用清洁能源所生产的环保类产品采取措施，对纳税人销售自产的符合规定的资源综合利用产品和提供资源综合利用劳务，可享受增值税即征即退政策。从事再生资源回收的增值税一般纳税人销售其收购的再生资源，可以选择适用简易计税方法并依照3%征收率计算缴纳增值税，或者适用一般计税方法计算缴纳增值税。此外，在房产税、车船使用税、城镇土地使用税、契税等地方税种中，也有一些有利于生态环境保护的措施。

四、绿色税收征收管理体系

我国现行的《中华人民共和国税收征收管理法》（以下简称《税收征收管理法》）于1992年9月4日第七届全国人民代表大会常务委员会第二十七次会议通过，至今历经三次修正，当前适用的为2015第三次修改版。其立法目的在于加强税收征收管理，规范税收征收和缴纳行为，保障国家税收收入，保护纳税人的合法权益，促进经济和社会发展②。并对税务管理及登记账簿、凭证管理，纳税申报、税款征收及税务检查等内容进行了相关规制。作为绿色税收制度构成的主要因素，绿色税收征收管理体系在现在的绿色税收制度中作用明显，是对现有绿色税种所规制的内容进行征纳环节的具体落实。

近年来，逐步形成了以《税收征收管理法》为核心，《税收征收管理法实施细则》（第三次修改）以及相关部门规章、政策为补充的税收征管体系。伴随税制改革与税制绿化的整体推进，税收征管体系也逐步进行着变革，逐步实现了组织机构扁平化与实体化，设立了大企业与一般税源管理局，并在其内部按专业划分设置了调查执行、风险应对和评估分析机构，改变了传统管理模式，强调团队的专业化分工和协作，突破了层级和属地管理的限制，纳

---

①全国人大常委会：《中华人民共和国个人所得税法》第四条，2018年8月31日。

②全国人大常委会：《中华人民共和国税收征收管理法》第一条，2015年4月24日。

税服务逐步走向标准化、现代化，同时注重税收征管模式的改革，为绿色税收的征缴工作提供了强有力的组织保障与管理支持。

第三节　绿色税收制度的理论基础

一、外部性理论

外部性理论作为西方经济学的重要内容，又被称为溢出效应或外部效应、外部经济，指某一个市场主体的决策与行为对其他市场主体所产生的有益或有害的情况，但却没有通过市场机制或者货币的形式直观地反映出来，导致出现了私人成本与社会成本、私人收益与社会收益相背离的状况。其可以分为正外部性（Positive Externality）和负外部性（Negative Externality），正外部性是某个市场主体的经济行为使他人或社会受益，同时受益者没有支付相应的对价，负外部性则是指某个市场主体的经济行为使他人或社会受损，但其本身却没有作出相应的补偿。它一方面揭示了市场经济中存在资源配置效率低的原因，另一方面它又解决市场经济的负外部性问题提供了备选路径。

微观经济学理论研究表明，在完全竞争的市场环境下，由于存在大量的生产者与消费者、产品同质性高以及信息充足等条件，市场机制本身可以实现对生产者与消费者彼此之间资源的优化配置并达到帕累托最优。即实现了私人成本与社会成本、私人收益与社会收益相等的均衡，但是在真实的市场经济活动中，由于外部性的广泛存在，使得私人成本与社会成本，私人收益和社会收益间经常会出现偏离，导致资源配置无法实现完全竞争状态下的最优化。无论是正外部性还是负外部性，两者都破坏了市场应有的效率，降低了社会总效用，扭曲了成本—效益原则，如果经济体中存在外部性，市场自发达到的均衡就不是帕累托最优，存在着改进的可能。

环境资源作为典型的公共物品，其自身非竞争、非排他的自然属性，使得市场主体尤其是生产者对环境保护的重视与投入积极性普遍偏低，他们更倾向于利用环境资源的公共物品属性进行免费的使用带来一些破坏，而不支付相应的使用成本对价，长此以往造成的环境污染与生态破坏问题导致了环境问题的负外部性效应，从而使社会资源不能实现有效的配置利用。因为外部性是市场自身的产物，即市场失灵，无法完全通过市场手段来使之内在化，往往需要借助市场之外的力量（政府、法律、道德等），利用"看得见的手"消除外部性的存在基础，进而解决外部性问题。面对如此困境，各国根据自身国情的差异，各尽所能发挥政府、经济或法制的规制与引导手段，实现对环境污染负外部性问题的有效应对。

图2.2以某厂商在生产过程中会造成环境污染为例进行外部不经济分析，外在性并不反映在市场价格中，因此会成为经济无效率的一个来源。（a）图为厂商在竞争性市场中的生产决策，（b）图假设所有同类厂商都产生相似外在性时的市场需求和供给曲线。厂商生产的产品价格为 p_1，即下图（b）中供给 S 与需求曲线 D 的交点对应的价格。（a）图的 MC 曲线为一个厂商的私人边际生产成本，该厂商在生产的产出为 q_1 时利润最大化，这时边际成本等于边际收入（完全竞争市场中价格是既定的，即 MC=MR=P）。然而，厂商的生产过程中带来了环境污染，使得外部成本发生了改变，这一外在成本由（a）图中的边际外部成本（MEC）曲线表示，对于大多数形式的污染来说，厂商产出的增加带来的环境危害会越来越大，带来的外部不经济会越显著，所以这一曲线是向上倾斜的。当存在负的外部性时，边际社会成本 MSC 大于边际私人成本 MC，差额就是边际外部成本 MEC。

在图（a）中不考虑外部成本的话利润最大化的厂商在价格 q_1 处生产，而有效产出是附加了边际外部成本后的均衡价格 q^*。图（b）中，产业的竞争性产出是 Q_1，而有效产出是 Q^*（$Q^*<Q_1$）。从社会的角度看，该厂商生产的太多了，并造成了过多的环境污染。同理，在图（b）中该产业的产出也是无效率的，价格 p_1 只反映了厂商的私人边际成本，并非社会边际成本，经济效率显示生产过多，无效率的来源是产品不正确的定价，只有在较高的价格 p^*，厂商生产的产出水平才是有效率的。对于超出均衡产量 Q^* 的产出，每一单位社

会成本由边际社会成本曲线 MSC、需求曲线 D 的差额给出。结果，社会总成本就是图 2.2（b）中的阴影三角形。

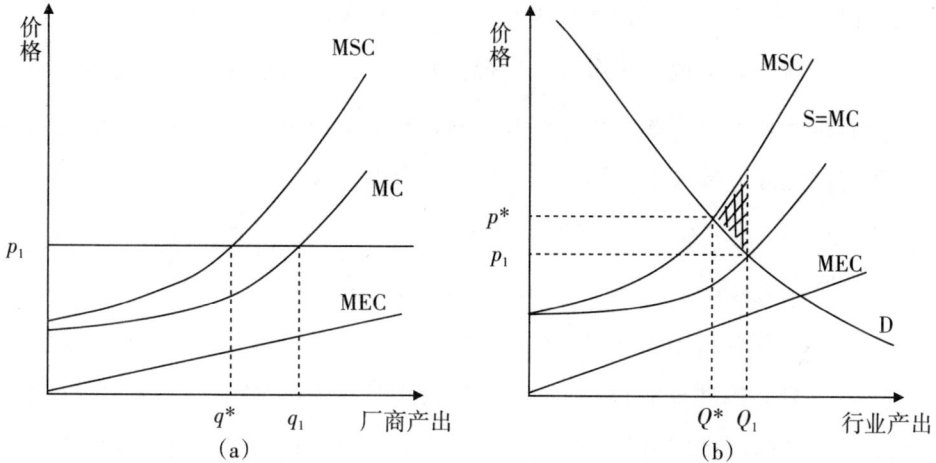

图 2.2　负外部性的经济学分析

二、庇古税与科斯定理

环境污染与生态破坏所带来的负外部性问题，导致市场经济中社会资源不能实现有效的配置利用，亟需政府采取必要手段将负外部性问题内部化，从而实现社会效益最大化。从保护资源环境和治理生态破坏的经济手段角度出发，经济学理论界大致将解决环境外部性的路径划分为两大类型，一方面是通过政府干预的庇古税手段，包括税收、收费、补贴等财税方法达成，另一方面是利用市场机制的科斯市场化方式，具体在产权厘定的基础上，市场主体通过价格机制或者许可交易等操作进行，殊途同归地实现环境外部成本内部化的目标，理论上分属于庇古税与科斯定理范畴。

针对环境污染所带来的外部性问题，庇古在研究现代社会实际生活中影响经济福利的重要因素时，在其代表性著作《福利经济学》第二卷论述社会资源的最优配置问题时，他指出，如果边际私人纯产值与边际社会纯产值相等，则社会资源配置达到了最优状态。但在现实中基于市场信息的不完全、生产要素的所有权更迭、外部经济或外部不经济的存在、收益或成本变动的影响以及垄断等原因，都使得两者的差异扩大。针对以上问题所造成的资源配置不均衡，仅靠市场机制本身无法实现自解，他主张由政府对资源配置进行直接干预，其中对不宜国有化的产业实行征税与补贴的政策，例如对引起污染的产业征以重税，而对农业进行补贴等。这种对造成环境污染的市场主体进行征税，即政府通过经济手段介入，只要对污染者征收相当于最优活动水平时的边际外部成本，即可以实现社会资源的优化配置，用税收来弥补污染主体私人成本和社会成本差距的方法，即为绿色税收之雏形的"庇古税"。

如下图2.3所示，MNPB为厂商的边际净效益，MEC为边际外部成本，厂商在边际净效益大于零时会一直扩大产量达到Q_1，但是在生产过程中会带来负的外部性，因此征收税收T，使得厂商在MNPB<T时不再扩大生产规模，从而将厂商的产量控制在社会最优产量Q^*的水平。此时，最优的税率为图中Q^*对应的边际外部成本。相当于通过税率的调整，使得厂商的边际净效益由MNPB降为MNPB-T，征收的税T就是所谓的庇古税。

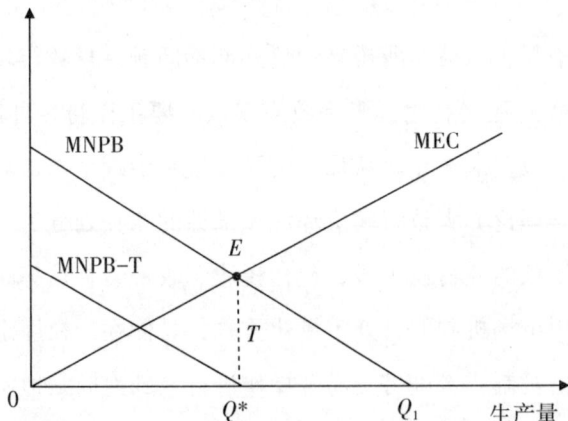

图2.3　通过庇古税实现负外部性内部化

然而，新制度经济学家科斯在《社会成本问题》一文中对庇古税提出了批判，他认为在交易费用为零及产权明确的情况下，双方通过自愿协商即可产生资源配置最优化。当存在交易费用的情况下，也要先评估庇古税是否有效才能适用。对比两者的观点可以发现，庇古税的施行成本某种程度上是要优于科斯定理的，政府直接对环境污染主体进行征税也需要成本，但对产权的界定成本以及谈判的交易成本，多数情况下相对于前者的成本会更高且效率较低，最终不利于资源的优化配置，同时，交易费用为零的情况下基本上不存在。

三、双重红利理论

双重红利理论认为，开征绿色税收不仅可以保护与改善环境，有效解决环境污染问题，合理开发利用自然资源，维护生态平衡，促进绿色发展实现第一重红利，而且还可以利用绿色税收的财政收入对经济发展的构成要素进行矫正与优化，进而实现经济结构调整、提高社会就业并促进经济持续增长等方面的第二重红利，即实现所谓的保护与改善环境的"绿色环保红利"和促进经济社会发展的"蓝色发展红利"。

具体而言，根据"双重红利"理论，首先，作为经济手段与法律手段的有机融合，政府通过征收绿色税收的经济手段，直接解决污染主体所造成的环境污染外部性问题，以税收法制的形式提供对环保问题的制度化、规范化解决方案，积极引导绿色生产与消费，矫正市场主体的生产与生活方式，促进企业积极采取清洁生产与节能减排举措组织生产，引导消费者改善消费习惯与生活品质，从而实现从源头上解决环境污染及生态破坏等环保问题，此为绿色税收所带来的直接绿色环保红利。其次，绿色税收顺应税制改革与税收绿化的发展趋势，所取得的财政收入日益增长的同时，去掉为保护与改善环境而支付的专项支出之外，多余的部分收入即可用于改善税制结构与现行财政收入结构，当绿色税收的财政收入被用于改善环境保护领域之外时，此时的功效则体现在对经济体制运行中需要资金支持与矫正的领域，从而实现了对现行税制的完善与优化，促进了税制改革与税收绿化进程，进而获得了第二重经济发展红利。根据双重红利理论的发展演变，逐步形成了三种递进式的学理阐释。第一种是"弱式双重红利论"，指通过获取绿色税收收入来优化原有的税收体系，从而减少经济主体的税务负担；第二种称之为"强式双重红利论"，即通过绿色税收制度的发展完善，力求实现税收的环境收益和现行税收制度效率的提升，以提高社会福利水平；第三种则是"就业双重红利论"，具体是指通过绿色税收制度的革新，在改善与提高环境质量的同时促进了社会就业率的提高。

除此之外，基于税收是国家财政收入的最主要来源，绿色税收是解决环境问题的最有效经济手段，在获得绿色发展与经济进步的双重红利的同时，必然会通过改善社会主体的生产与生活方式，对环境改善与增加财政收入、经济增长与社会发展等各方面产生积极影响，进而获取环境、经济与社会全面协同发展进步的多重效应。有鉴于此，"双重红利"理论通常被认为具有划时代的建设性意义。

四、制度变迁理论

现实中制度作为公共产品，其在具体的施行过程中，由于现有资源的客观稀缺性与人们自身的主观理性有限，制度规制经常会呈现出滞后且空缺的状况。与此同时，人们基于自身理性认知能力的逐步提升与转变，会不时对现有制度进行修正完善并对新的制度提出需求，以此希望获取更高的收益与更好的机会。此时，当制度供给与需求处于基本均衡的状态时二者是相对稳定的，反之当现有的制度供给不能满足人们的发展需求及社会进步时，就会发生制度的变迁。在此演变与博弈的过程中，其成本与收益之间的此消彼长关系之比至关重要，只有在预期收益大于前期投入成本的情形下，市场主体才会去积极推动直至最终实现制度变迁，反之亦然。通俗来讲，新制度取代现有制度的进程就是制度变迁。以上即为诺斯将制度因素纳入解释经济增长的基本逻辑。

绿色税收制度作为有效解决环境问题的经济手段，近年来备受经济学界推崇。作为一种经济制度选择，被寄予厚望的同时能否实现人们的期望至关重要，现实中人们都希望通过运用绿色税收制度在实现公平与效率均衡的基础上，达到环境保护与经济发展的最优解，但是囿于现实中多种复杂因素的影响却很难实现。故此，在经济学界学者们更多的是在研究如何完善与优化现有绿色税收制度，使其尽可能地接近最优化。即通过对绿色税收制度进行本身的革新与优化调整，摈弃当前制度存在的缺陷与不足，使其不断适应社会环境的变化及经济发展的需求，进而实现保护与改善环境与经济社会发展相协调，达到社会福利最大化的最终目标。

当前，绿色税收制度在国内的发展可谓方兴未艾，中国市场经济创造了经济连续高速增长的奇迹，主要利用了资本、人力与制度等后发优势，"十四五"期间在高质量发展进程中，这种后发优势的潜力将逐步下降，经济发展速度放缓后将面临社会保障、环境、能源等诸多发展所带来的难题，包括绿色税收制度在内的经济发展制度都将面临严峻考验，必然会依据新的时代发展要求做出相应的制度变迁。

五、制度供给理论

制度供给作为制度变迁的重要组成部分，通常来讲，制度供给与制度需求作为整体是密不可分的，不能刻意地进行区分与割裂，二者之间的共同作用才能促进制度实现相应的变迁与发展。制度供给具体是指政府作为制度的主要供给者，在当前社会经济发展与现有制度环境的共同背景下，基于法定程序创制正式规则的过程。

制度供给理论的形成与发展过程中，不同时代和学术背景的学者们论说各异。比较有代表性的诸如，休谟、斯密与康芒斯认识到基于资源的稀缺性，必然会引起现有制度的变革，麦克劳德与布罗姆利则认为制度供给的发生，主要应从维护经济的有序性与稳定性角度予以论证，科斯、戴维斯、诺斯则主要使用成本与收益的框架来研究制度及其变革。其中，拉坦运用科斯的分析框架将技术变迁的方法引入制度变迁理论，实现了从制度供给角度填补了前者的理论空白。

尽管如此，西方经济学对制度供给理论的研究一直以个人为中心，在重视个人主导地位的前提下，通过对私人产权的保护实现自下而上的制度创新与完善。国内学者对其研究则较多地看重国家及集体的视角，将个人置于集体利益的框架内予以考量。制度供给的进程主要由供给主体进行推动执行，鉴于社会主体之间天然地存在多重利益博弈，导致制度供给不能实现帕累托最优，一般供给主体都是由政府来担当，其他组织与单位也可以进行规制，前提是不能与政府的制度供给相违背，而只能作为政府制度供给的补充与具体执行，否则无效。由此可见，基于国家作为制度供给的主体出发，制度供给的结果主要是正式规则的供给及其具体的实现机制。绿色税收本身兼具经济手段与法律手段的双重制度属性，制度供给是通过制度创新与制度完善所体现的，其中制度创新主要是对原有制度的否定与扬弃或者对原有利益格局的颠覆与变革，有鉴于此，本书对绿色税收制度供给问题的研究，主要是通过对现行绿色税收制度进行完善优化予以实现。

第四节　小结

本章通过运用文献分析与历史分析的方法，对绿色税收与绿色税收制度的基本概念与内涵进行了界定，并基于外部性理论、庇古税与科斯定理、双重红利理论、制度变迁与制度供给等理论，较为深入系统地论述了绿色税收制度的理论来源与逻辑体系，为全书的下一步行文写作提供了理论支撑。

第三章 国外绿色税收制度的主要经验与借鉴

"他山之石，可以攻玉。"自20世纪70年代以来，OECD国家根据"谁污染谁付费"之原则普遍开启了环境税制改革，环境税费制度日益成为发达国家解决环境问题普遍使用的经济工具。实践证明，绿色税收制度在节能减排、环境治理、促进绿色发展等领域积极效应明显，也是国际社会解决环境问题、提高环境质量最有效的制度选择。当前，欧美发达国家已构建了一套行之有效的绿色税收体系，本章将通过对五个发达国家的绿色税收制度进行介绍梳理，从中找寻对我国绿色税收制度的完善与改进可以借鉴的有益经验与参考。

第一节 发达国家绿色税制的发展情况

一、瑞典

（一）瑞典绿色税制的历史沿革

瑞典是最早施行能源税及进行环境税改革的北欧国家之一，其绿色税制历史悠久且种类较多，绿色税收规模占比较大，对环境保护领域发挥了重要改善作用。其中能源税由来已久，1929年首次对汽油和酒精燃料征税，1957年以财政创收为出发点，开始构建一般能源税体系，逐步将能源政策与环境保护相结合，20世纪70年代的石油危机以及世界范围内的绿色税制运动，促使其开征能源税并逐步实现与环保相结合，开展节能降耗并鼓励企业应用环保能源降低传统资源污染。

1984年起对使用化肥和农药征税，1986年根据含铅量的大小开始征收汽油税，1990年以能源价格25%的税率对能源消费开征能源增值税与硫税，其中，硫税的征收则基于排放量或根据燃料含硫量而定，对含硫的煤及煤泥按每千克征收30瑞典克朗的税率开征。1991年瑞典绿党进行税制改革，开始对能源税进行改革并首次引进二氧化碳税，建立了降低化石能源消耗以降低环境污染的税制体系。改革后的税收体系以碳税和能源税为基础，碳税税基是根据燃料的碳含量来确定的，其税率征幅按照碳含量的高低予以适度的调整波动，但能源税与燃料本身的含碳量不存在直接关系。由此可见，碳税施行的主要目的在于引导并激励企业积极采取新型低碳能源，同时，为了减轻由于新环境税给能源部门造成的税收负担，对原有的能源税税率进行减半优惠，且对电力生产部门不征收能源税和碳税，但是非工业消费者必须支付电力消费税。期间，随着情势变更与税制改革的推进，碳税的税率经历了多次波动，主要出于对新兴行业进行保护的角度出发，对工业和电力行业征收的税率较其他行业低。相较而言，对化石燃料（特别是汽油及其石油类产品）所征收的能源税相当高，以此用来弥补碳税的缺口并予以实现整体税负的均衡。期间，通过增加绿色税收比重降低个人税收负担进行了较好的尝试，实现了绿色税种与其他税种的有效联动，分别于2001年到2006年间，实施绿色税收转移在大幅提高碳税税率的同时，降低了低收入者的所得税。2007年到2013年间，增加环境税并削减了劳动税。

（二）瑞典绿色税制的基本内容

瑞典现行绿色税制的体系框架主要由一般能源税及其增值税构成的能源税体系，以及由碳税、硫税和汽车类税种几个部分组成的环境税体系构成。煤、燃料油、天然气等化石类能源都要征收能源税，但是对电力生产和工业部门则予以一定程度的豁免及相应优惠。税率呈现出地域性的差异，北部地区相对其他地方较低，另外，对核电和水电生产要额外征收特别税。

绿色税种体系主要由能源税和环境相关税种构成，其中能源税主要有对燃料征收的一般能源税、对能源征收的增值税，环境相关税种主要有二氧化碳税、硫税、汽油和甲醇税、里程税、机动车税、汽车销售税，其他类别主要针对饮料容器、化肥和农药、电池等环境污染类产品进行征税。能源税和环境税的计征依据是基于不同性质污染物的起点进行计算，分为污染物含量和排放量两种。

绿色税制的优惠政策主要是通过税费返还的方式对污染排放企业进行反馈，比如，从1992年起，对年生产能力在5000万千瓦以上的固定污染源，按氮氧化物的排放量征收氮氧化物费，其中，在从中扣除环保局管理成本的基础上，再按生产能源的数量将收费返还给能源类市场主体。也就是说，利用对污染物进行税费收取的方式促使企业进行环保测算，污染物排放量低则会获取环保收益，反之将会增加排放费用支出，实践中市场主体会基于环保成本最小或者利润最大化的考量，企业会努力降低氮氧化物的单位排放量以获得净收益，或者至少保证符合排放量的具体标准。如此，利用税费杠杆提升企业的节能减排积极性，完全践行了庇古税原理对环境负外部性成本内化的情景。

二、荷兰

（一）荷兰绿色税制的历史沿革

荷兰于20世纪60年代开征绿色税收，起步早且绿色税制相对成熟完善，双重红利效应明显并取得显著的生态、经济与社会效益，为世界绿色税制的完善与优化提供了模板与有益的经验借鉴。

1970年通过《地表水污染法案》开征地表水污染税，是世界上最早开征水资源税的国家。1981年通过的《地下水法案》并与1995年对开采地下水的企业与个人开征地下水税，同时采取适度优惠措施对水污染治理提供支持。1986年《土壤保护法案》开征土壤保护税，1987年对农场开征超额粪便税，80年代开征垃圾税，之后几次大幅提高税率比重以实现垃圾回收率的同步提升。1988年荷兰对汽油、天然气等油气能源开征一般燃料费，并专项用于环保支出，1992年调整升级为燃料税并纳入一般预算，对所有用作燃料的能源产品征收但作为原材料部分予以免除，其中对汽油是否含铅收取区别税率，引导并提升无铅汽油的使用量，1997年将燃料税扩展至核电。1996年开始对小规模消费者征收能源调节税，该税种基于税收中性原则，征收对象为非运输矿物油产品、天然气和电力，税收收入部分返还给企业与个人，旨在加强环境保护并提高能源利用效率，对大型工业能源消费者进行税收豁免，在避免重复征税的前提下增强其出口竞争力，发电用的煤和天然气自2001年起也免除此税。2004年，荷兰的碳能源税体系基本成形，对能源产品征收燃料环境税，对小规模消费者征收能源调节税、能源消费税以及准捐税。

（二）荷兰绿色税制的基本内容

荷兰的绿色税收制度相对完备，绿色税种体系包括能源税、垃圾税、水污染税、燃料税、超额粪便税、机动车特别税、噪声税等，也有实行加速折旧、差别优惠税率与环保投资减免等税收优惠及激励措施。其中，燃料税作为绿色税种的主要税种，是以定额税率的方式对各种化石燃料能源予以课征，同时依据资源种类实行差异税率，比如煤税率要高于天然气，若其不作燃料使用则不予征纳。水污染税以专门法案的形式开征，主要对污染水资源的企业或个人征收，根据水污染水域的覆盖范围分为中央与地方两个层级税收，同时根据需要保护水源情况具体设置相应税率，其税款专门用于水资源的改善与净化。土壤保护税对土壤使用及税源涵养进行了纳税规制，规定区域范围内对提取水资源的使用者征税，并用于补偿被提取者。鉴于荷兰畜牧业发达之国情，通过征收超额粪便税提高养殖户的环保意识，并控制牲畜的总体保有量保持在合理区间。机动车特别税实现了引导汽车排放实现节能减排的环保取向。噪声税是对民用飞机的噪声污染形成成本内化，并专款用于基础设施升级与居民搬迁费用支出。

绿色税制优惠政策方面，规定能源消费征税的上限不能超过天然气及电力的免税配额，按照欧盟施行的统一能源税指令，能源消费征税超出上限部分也要征税，但矿物油产品征收的税率仅按照标准税率的10%进行征纳。根据能源与电力的消费水平实行差别税率，其中天然气税率分为七类，电力税率分为六类。对企业采用节能环保设备进行加速折旧，为抑制含铅汽油而加重其税率，对使用绿色投资基金投资绿色工程的利息和股息予以免税。征管领域权责明确，中央与地方对于税种的收取权分配及税款使用都有较为合理与明确的法律规定。

三、日本

（一）日本绿色税制的历史沿革

日本作为太平洋的狭长岛国，先天性的资源匮乏国情迫使其一直致力于能源资源合理利用，历来注重采用循环经济理念对能源利用与环境保护方面进行制度规范，构建了亚洲最为齐全的绿色税收制度。明治维新后，日本快速步入资本主义发展道路，工业的快速发展导致资源能源短缺与环境污染问题日益突出。"二战"后日本作为战败国各方面遭受重创，为了恢复生产并进行环境治理筹集资金，开征石油消费税，1955年开征道路使用税，税款具体用于道路改善，1965年开征液化气税，1974年开征二氧化硫税，共同构成了早期的资源税种体系。

作为汽车制造与销售大国，日本对本国的汽车类绿色税收规定非常烦琐庞杂，具体包括：中央层面的在出厂销售环节对所有车辆征收的车辆税，1971年开征的机动车辆吨位税以及在运输环节所构建的运输税收体系。此外，地方层面的也有购置税等配套的税种体系。20世纪90年代后，鉴于国内工业经济的快速发展对环境税改革的需求大增，直接推动了2010年税收改革进程，在原有化石燃料资源税基础上加征碳税，实现分阶段的碳减排政策。1997年《京都议定书》开启了限制温室气体排放的新进程，次年颁布《全球气候变暖对策推进法》并实现与国际接轨。2007年开征实质意义上的碳税，

2010年通过《全球气候变暖对策基本法案》，明确了温室气体减排的阶段性目标。2011年针对碳税征收方式与税率进行碳税改革，将其作为石油煤炭税附加税，并多次进行税率提升。2012 年对化石燃料开征环境税并将碳税改为全球气候变暖对策税。鉴于福岛核电站事故调低减排目标，根据《巴黎协定》明确碳达峰与实现碳中和时间表。

（二）日本绿色税制的基本内容

日本绿色税收制度历经多年改革，当前其绿色税种体系主要由资源税税种体系与环境保护税税种体系构成，具体言之，是由石油煤炭税、环境税、碳税、液化气税、二氧化硫税等构成的资源税税种体系，由道路使用税、车辆税、机动车辆吨位税、运输税收体系等构成的环境保护税税种体系，以及相应的税收优惠政策。其中，石油消费税是所占比重最大的绿色税种，通常与道路使用税共同征纳，作为收益性税种专款用于路政建设领域，液化气税作为石油煤炭税之补充税种，是对化石燃料属性征收的资源税，二氧化硫税对于废气排放超标企业征收的专项用于健康赔偿金的环保税种。中央与地方层面对汽车类税费体系诸如车辆税、机动车辆吨位税等，适用了较为科学的税率测算出空气、噪声污染等环境治理社会成本，对日本国内环境质量改善与低排量汽车保有量作出了积极贡献。

日本绿色税收优惠政策主要体现在具体的税收减免与加速折旧等方面，比如，车辆税中对新型电动环保乘用车予以免税，对企业所购买的节能与新能源设备，可在两年内全价折旧并降低所得税税率，以建立激励机制促进企业实现环保绿化升级，既提高了企业节能环保领域的市场竞争力，又能引导居民进行消费结构转变。最显著的当数日本汽车与电子设备产业，相关绿色税收制度的实施客观上提升了其市场占有率与科技竞争力。此外，《节约能源法》与《公害对策基本法》等环保法律的实施与不断修改完善，从法律法规层面保证了企业采取环保材料及设备的税率优惠及减免稳定性，有效地增强了企业进行环保投入与升级的积极性。

四、美国

（一）美国绿色税制的历史沿革

美国作为资源能源储备与消费大国，在历经"先污染后治理"的西方传统环境治理困境后，最先采取税收经济手段应对环境污染与生态破坏问题，加上本国法制健全，民众环保基础较好，构建了相对完备的绿色税收制度体系且成效显著。1899年第一部污染防治方面的法律《河流与港口法》（即《垃圾法》）问世，开启了美国环境法律体系逐步完善的历史进程。早期移民垦荒导致农业生态破坏与环境污染，开始探索通过立法实现对土壤污染及水土流失等生态环保问题进行法制应对。1936年首次颁布《土壤保护和国内分配法》，其后制定二十余项辅助性法律对该领域予以规制。比如《标准土壤保持地区法》《农业保护和防洪法》《自然资源保护法》《水土资源保护法》以及《清洁水法》等。20世纪50年代前后，有鉴于环境污染事件集中爆发，逐步开始重视联邦层面的污染防治及生态环保领域立法，先后颁布了《联邦水污染控制法》《联邦大气污染控制法》《联邦有害物质法》《空气质量法》等。期间，对环境保护领域的现有法制，诸如《水污染防治法》和《大气污染防治法》等法律进行了多次修改。另外，除了联邦政府法律之外各州也出台相应领域的配套立法或专门立法予以规制，且可以实现州级合作协调，综合推进环保的法制合力。

1969年《国家环境政策法》标志其环保立法宗旨实现了由治到防的转变，之后联邦政府又陆续颁布了《环境质量改善法》《噪声控制法》《安全饮用水法》《资源保护与回收法》与《有毒物质控制法》等专门性法律。20世纪70年代以前，美国绿色税种体系尚属初创阶段，品类较少，1971年对排放硫化物征税议案提出后，联邦与各州政府先后制定资源能源利用与环境保护相关的法律法案，以解决环境污染和资源浪费问题，并于1978年出台了《能源税收法》与《公共事业管制政策法》。20世纪80年代后，加强了能源资源和固体废弃物处置方面的立法，制定了《酸雨法》《机动车燃料效益法》《固体废物处置法》和《核废弃物政策法》等。1986年国会通过《超级基金修正案》设立环境收入税，1987年《蒙特利尔议定书》通过，国会据此协定从1991年开征氯氟烃税，同年大多数州开征固体废弃物处理税。当前，美国联邦政府使用数十部环境法律及千余环境保护条例，与各州实施的当地法律规范共同构建了一套相对完整的环境法制体系。

（二）美国绿色税制的基本内容

美国绿色税种体系主要由能源开采税、燃油税、煤炭税、新鲜材料税等资源税，以及环境收入税、固体废弃物处理税、水污染相关税、汽车使用类相关税等环保税构成。能源开采税旨在延迟对自然资源的开采速度和时间；燃油税覆盖范围较广涉及所有油气品类，税款专用于交通基础设施建设及维护；煤炭税作为国内货物税征纳并用于相应社保基金；新鲜材料税目的在于鼓励使用循环材料以降低资源浪费；氯氟烃税旨在减少对大气平流层污染破坏；水污染相关税是对自来水和下水道的污染行为征税，构建以市场价格为传导机制的水资源市场；环境收入税即环保基金税，根据企业经营收益征收并计入环保基金；固体废弃物处理税对生活垃圾数量计征，引导其绿色生活方式，类似的还有包装材料税。美国国内的油价相对较低，但汽车在保有和使用环节相关的税费种类繁多，汽车使用类相关税主要包括汽车使用税、轮胎税、汽车销售税和进口原油及其制品税等。在具体的汽车使用类税费征收过程中，联邦与各州都有比较细分的具体领域，能保证征管效率，为环保治理提供较大的资金支持。

美国绿色税制优惠政策措施较多，主要包括直接减免税额、加速折旧制度、企业所得税抵免等多项政策，除联邦优惠外，各州也有配套的优惠体系，保证了企业与个人的缴税积极性与可选择性。比如，《能源税收法》规定，对购买太阳能和风能能源设备花费进行比例抵扣，《能源政策法》还规定，企业在实际生产过程中应用太阳能和地热进行发电的投资，将给予永久享受10%的低税优惠。从联邦到各州均对企业所得税予以不同程度的加速折旧与税率减征，比如1991年起，大多数州对循环利用投资给予税收抵免扣除并免征环保设备的销售税。

美国绿色税制中对征收管理环节的规制非常详细且严格，基于程序正义的要求，为充分保障纳税人的利益，对现行绿色税种都规定了清晰的征收程序、条件以及期限，一旦条件具备或者期限将至，立法部门会重新讨论是否继续开征以及如何改进。其中，征管程序由税务部门统一征收缴存至财政部，后者将其分别纳入普通基金预算和信托基金，信托基金再转入下设的超级基金。集中征管以及信息化征管手段确保了及时足额缴纳。

五、德国

（一）德国绿色税制的历史沿革

德国作为欧盟的主要主导国家，国内资源较为缺乏且社会保障负担重，绿党势力在近年来影响日益壮大，其国内税制结构本身较为完善，在此基础上对绿色税收制度进行改革与完善，主要基于环境税在欧洲的快速发展及改革深化，国内绿党及民众对绿色税制改革期望与呼声较高。20世纪90年代，德国开启绿色税制改革，秉承税收中性原则，并采取渐进式的分步骤分阶段改革路径，逐步实现税制绿化及税收制度完善。1994年颁布《生态税改革引入法令》，正式开启绿色税制改革之路。改革之初尚未设立具体绿色税种，主要是针对特定能源征收能源税的方式，并采取分阶段方式实现改革与完善同步推进。1999年至2003年间，通过提高能源税税率，逐步增加税收的转移支付与居民养老基金投入。90年代后期，随着全球温室气体排放及气候变化影响日益加剧，德国引入了新的能源税及二氧化碳税；为提高空气质量引入了交通工具税，并针对车辆用途不同征收差异税率。1999年进行较深层次的生态税改革，开始对油气能源与电力进行征税，先后对矿物能源、天然气和电力加征环境税。通过税收返还方式将税款用于可再生能源项目，剩余部分予以税收返还，减少市场主体养老保险费支出并分阶段增加相关补贴。2001年到2003年间依照《生态税改革后续法令》继续推进绿色税制改革。当前，德国的环境保护法律体系较为完备，除了联邦与各州环境法律法规外，还增加并适用了欧盟的相关环保法规。2010年根据能源市场价格波动实行差别税率，调整相关能源税费以稳定能源价格。近年来，德国每年绿色税收收入占到税收总额的10%左右，取得较好的双重红利效应。值得注意的是，在全球碳中和的背景下，由于国内绿色发展势力强势且组建了执政联盟，鼓励采用清洁能源。在2023年4月关闭最后三座核电站后，并将在2038年前实现零煤电，对绿色税制改革提出了新的课题。

（二）德国绿色税制的基本内容

德国绿色税种主要包括生态环境税、车辆税、废水税、运输税、包装税等，基本上涵盖了环境保护各个领域，只要产生环境污染就有相应的绿色税种。其中，生态税主要是对电力、油气燃料和加热燃料进行征税，车辆税即对车辆使用以及保有过程进行征税，与其他OECD国家一样，德国绿色税收很大程度上源于能源产品税和车辆税。废水税对生产及生活污水进行征收税费并补偿污水处理公共支出，运输税与包装税主要针对物流过程中产生的空气污染及固体废弃物污染部分进行征税。

德国主要采取税收抵免、提高补贴、加速折旧与专利盒政策等税收优惠措施，来鼓励税制绿化以促进环境保护。对创新型企业采取扩大投资成本的税收抵免范围并采取优惠税率，机动车辆税领域对消防车、救护车等公共特殊用途车辆予以适度减免税收，对电动车给予5年的免税优惠期限。绿色税制改革中注重实施差别化的优惠政策，对符合环保要求的企业实行税收减免政策，如公共交通用电与矿物油减半纳税。税款专款用于环保支出的同时将其余部分以养老保险方式返还纳税人。德国实行联邦、州和市镇三级课税制度，联邦财政将全部税收划分为共享税和专享税两大类：共享税为联邦、州、市镇三级政府或其中两级政府共有，并按一定规则和比例在各级政府之间进行分配；专享税则分别划归联邦、州或市镇政府，作为专有收入。严密的征管系统保证了税额的及时、足额征纳。

第二节　发达国家绿色税制的特点与不足

通过对上述有代表性的主要发达国家绿色税收制度供给情况进行梳理，可以窥见其具有的共同特点与不足，为我国绿色税收制度供给的完善提供了较全面的经验借鉴。

一、发达国家绿色税制的特点

（一）绿色税种体系丰富且合理

纵观各发达国家的绿色税收制度供给情况，其中绿色税种体系普遍较为丰富且合理，具体表现为绿色税收在税收总收入的占比较高，以及绿色税种体系中以资源税或者环境保护税为主体税种，相关绿色税种予以配套的格局相关稳定。较为通用的模式是以资源税或环境保护税为主体的绿色税种，前者主要针对化石燃料能源以及土地、水资源等资源能源类税种，后者较多地围绕造成环境污染的行为等环境保护类税种。如此体系化设计，使得各国可以依据本国国情，在保持主体绿色税种稳定的前提下，应对经济发展与环境污染情况而作出及时、适度的税制调整，实现对资源类及环保类税种予以分门别类地征纳，既保证了税源多样性，缓释了征管压力，又提升了绿色税收征收效率，从而获得较好的双重红利收益。比如，荷兰的绿色税种体系包括燃料税、能源税、水污染税、垃圾税、超额粪便税、机动车特别税、噪声税等，其中，燃料税作为绿色税种的主要税种。近年来，德国通过环境税改革，每年绿色税收收入占到税收总额的10%左右，取得较好的双重红利效应。

（二）税收优惠政策多元且灵活

绿色税收优惠政策作为绿色税收制度的重要组成部分，各发达国家都十分重视并作出多元化的综合性适用，有效地保障了纳税人积极性并降低其税负。其中，对市场主体主动采取环境保护措施及合理利用资源能源等行为，给予相应的差别税率以及税收减免优惠，比如，德国绿色税制改革期间，对直接使用由太阳能、风能、地热能、生物能等可再生新能源生产的电力及此类能源制品免征电税。对研发、购买及使用新型环保装备的企业给予企业所得税方面的税收优惠，比如，日本对企业所购买的节能与新能源设备，可在两年内全价折旧并降低所得税税率。企业与个人自主购买并使用的环保设备的，实行加速折旧的变相金融优惠，比如，美国对投资使用太阳能和地热能设备进行清洁生产的企业减免其投资额度的10%税负，荷兰对于家庭与个人产生的有机垃圾及废物进行集中堆肥的方式予以免税。同时，还对投资绿色环保基础设施的信托基金实行减免股息和利息收益等优惠政策。

（三）绿色环保意识形态保持稳定

实践证明，在绿色税收制度供给过程中，意识形态领域的稳定与倾向至关重要，提高纳税人及公众的绿色环保理念、绿色发展理念以及培养纳税意识是绿色税收制度顺利实施的价值观前提与基础性共识。各发达国家公民绿色环保意识根植于其资本积累及工业革命期间的严重环境污染教训，也有赖于其完备的法制体系与宣传教育等配套措施，充分实现了法治与德治的有效结合。比如，荷兰政府在成功开征垃圾税的过程中，通过立法规制与舆论造势，宣传垃圾分类及正确投放方式，并顺势加征了垃圾收集税；日本推进以可持续发展教育（ESD）为基础的环境教育，鼓励全社会成员自主参与环保实践，并对全国教师开展专项培训，并厚植环保人才队伍；美国联邦与各州通过立法与宣传并举，充分调动非政府组织积极参与，将环境保护演变为全民参与的环保事业。

（四）税收中性且专款专用

鉴于税收对民众利益的再分配属性，作为民选政府的西方国家，在推行绿色税收政策等新税制的时候，都会选择适用税收中性原则，在兼顾经济发展与环境保护的基础上，更加注重对民意倾向与政党派别的协调沟通，实现在不增加现有税负水平的基础上开征绿色税收。这些国家通常会采取直接税收返还或者定向使用及返还，还有调整整体税制体系实现税种均衡等方式。比如，荷兰在1996年开征能源税时通过改革个人所得税，提高后者的免税额度实现了税制调整；瑞典在2001年大幅提高二氧化碳税率的同时，降低了居民家庭所得税。

绿色税款的使用模式主要分为专款专用和纳入一般预算进行统筹两种。西方发达国家多数采用专款专用模式，直接将绿色税款用于环境保护事业或者资源能源有效利用领域。主要基于绿色税收本身的环保性质，以及初征时税率较低便于推行，实践证明，绿色税收专款专用制度取得了较好的环保与社会效应。比如，日本的二氧化硫税专款用于为空气污染受害者筹集治疗资金，荷兰征收的超额粪便税主要用于降低粪便释放的矿物质含量、维持畜牧业养殖规模，噪声税的税款主要用于安装机场隔音设施和补偿搬迁。

二、发达国家绿色税制的不足

发达国家的绿色税收制度在促进环境保护及资源合理开发利用方面取得了积极成效，践行了庇古税与双重红利的理论设想，同时也不可避免地暴露出一些不足。

从发达国家绿色税收普遍较高的比重可知，相关企业尤其是传统能源企业承受了较重的绿色税负，但现实中新能源供给很不稳定。2021年的寒冷冬天导致新能源集体失位，部分国家不得不启用传统化石能源进行超负荷供暖供电，说明绿色税收并未实现对现有资源能源结构的有力调整。前期开征绿色税收也会给企业造成较重负担，虽然配备某些税收优惠政策，但是周期较长，而且享受优惠政策也是需要购买环保设备成本投入的。此外，各国的绿色税收征管体制有待明晰，由于环境问题的地域性与扩散范围不稳定，将绿色税款缴纳归于中央与地方，就会造成特殊情况下的环保资金缺位问题。税制最重要的因素是如何进行税率设定，理论上讲最佳税率是在环境负外部性内化过程中边际成本与边际收益的焦点，但是在现实税率设定问题上很难实现。同时，鉴于环境保护税系中税目的测算与确定，所需要的环保及法律鉴定专业要求很高，因此在开展绿色税种过程中会对税率进行多次调整以满足现实所需，也对绿色税制的完善与优化造成先天困扰。专款专用的税款使用方式也会对经济效率与资源配置效率造成负面影响。

第三节 发达国家绿色税制的有益借鉴

根据前文所述，通过对西方主要发达国家的绿色税收制度发展及改革历程进行梳理，以及对其绿色税制特点与不足的分析，为我国绿色税收制度供给提供了较为完整的参考，应该从中汲取一些有益的经验为我所用。

一、立足国情，秉承税收中性与循序渐进原则

面对工业化高速发展造成的环境污染与生态破坏问题，西方国家先后采取绿色税收制度予以积极应对，希望利用经济手段实现对环境污染负外部性的内化。虽然绿色环保的价值理念具有一致性，但是各国立足本国国情，各自探索出适合自身环保及生态问题的解决方案。比如，荷兰、瑞典等国家根据资源与环境保护需求对税制结构实现了全面改组，日本、德国等国立足现有税制，通过推新改旧的方式推进渐进式绿色税制完善。

英国古典经济学派在遵循市场对资源配置起基础性作用的前提下，提出了税收中性理论，其目的在于有效发挥税收调节作用，减少其对市场经济秩序的负面影响，促进市场与税收机制实现效用最大化。具体言之，即税负之影响仅以税额为限，正如李嘉图所言"最好的赋税就是税额最少的赋税"。开展新税种时必须严格遵守税收中性原则，以此才能推进税制优化与革新。

税制改革尤其是绿色税制供给的完善优化，必须遵循制度供给理论及制度变迁理论之要求，循序渐进，切忌盲目快进。在改革中完善，在优化中创新，才能逐步实现税制绿化，助力环境保护与资源能源合理利用。

我国作为后起的发展中大国，要立足人口多、资源能源禀赋少且分布不均之国情，既要遵循税制改革与绿色税收制度完善之规律，更要体现中国特色之国情需求。在全球经济下行的情况下，在国内绿色发展理念业已达成共识的前提下，面对碳达峰、碳中和目标以及深化税制改革的机遇与挑战，进行绿色税制改革并推出新税种时，必须坚持市场对资源配置的基础性作用，按照税收中性与循序渐进之原则，在充分梳理并整合现有税制的基础上，综

合考量企业的税负压力与民众的高质量发展诉求，采取试点推进，同时适用税收减免与返还相结合的激励措施。

二、科学设计，合理配置税制要素推动适时改革

西方发达国家的绿色税收制度之所以取得较好的双重红利效应，源于自身税制设计的相对科学合理，并能够实现与时俱进的更新与调整。其中，作为税制要素中最重要的税基与税率，如何选取税基及如何设定税率对绿色税制的构建与完善至关重要：税基选取必须注重其环保性、针对性以及征收便利程度。概况来讲，绿色税收的税基选取多集中于资源能源产量及污染物含量、污染物排放量及市场主体的相关产量等指标，只要对其中一个或几个指标进行合理确立，即可实现对绿色税种的税基选择。税率的设定方法较多，其前提是要明确税种的目标期限以及适用范围差异，并考虑纳税人及民众的可接受程度，注重对不同行业在不同阶段内的税率差异，实现弹性税率。

与此同时，要注重绿色税收制度中主体税种的选取与相关税种的配套，构建相对科学有效、层次合理的绿色税种体系。发达国家基本上都以资源税或环境保护税为主体税种，或者二者兼而有之。绿色税收制度的选取并非一成不变，必须跟随经济与环境保护形势的发展变化予以同步变革，要求在税制规范时必须留有足够的改进空间。对我国而言，在借鉴其经验的基础上，要做好宏观层面的绿色税收体系设计与微观角度的税制要素设定，应该选取税基最为广泛的资源税与环境保护税为主体税种，同时发挥现有绿色相关税种中的绿化作用，适时推出新的绿色税种并科学设定税基税率。

三、把握主体，注重法治与环保意识形态培养

绿色税收制度的设定与执行情况如何，归根到底是由市场主体予以配合才能实现环境保护、资源利用与经济发展的有效统一。故此，如何实现对市场主体的绿色环保理念与绿色发展理念培养，同时做好绿色税收法制体系的构建，实现外部法制约束与内部道德驱动，是推进绿色税收制度供给的前提

与主体准备。发达国家都比较注重绿色税收法制体系的构建与完善，尤其是美国，除了自身判例法的法系传承之外，联邦与各州均对辖区内绿色税种的开设与征管予以法律规制，形成极具美国特色的绿色税收法制体系。德国及日本纷纷予以效仿。对此，我国也可借鉴美国经验，根据国内地域差异明显的具体情况，实现央地法制及执法联动，增强环保部门公信力与执行力，综合考虑经济、社会和环境影响，发挥社区的组织优势，积极开展全社会的环境保护教育并调动鼓励公众参与。

除此以外，还要注重加强与其他经济、行政及法制手段相结合，构建实现绿色环保与绿色发展的制度合力，进而提升宏观经济调控水平与税制改革进度。理顺环境保护与资源能源利用领域的税费体系，努力构建产权清晰与价格机制健全的市场环境，充分利用高新环保科技助力税制绿化与提升税收征管的效率与现代化水平，更好地服务于环境保护与资源能源合理利用。注重对碳税开征的可行性研究，逐步完善对实现碳达峰、碳中和的税制构建与完善，积极拓展国际税收合作空间。

第四节 小结

鉴于绿色税收制度发源并流行于西方发达国家，本章基于历史分析视角，对全球发达经济体中颇具代表的美国、日本、德国、荷兰、瑞典等五国的绿色税收制度之变革与内容进行了简要梳理与介绍，针对其自身发展过程中的特点与不足进行了分析，并在此基础上总结出对我国绿色税收制度供给进行完善的经验与可行借鉴。

第四章 我国绿色税收制度供给的现状及问题

近年来，作为有效处理环境保护与经济发展关系的经济手段，绿色税收制度逐步受到理论学界与各国政府的积极关注与有力推进。我国政府历来重视对环境污染与生态破坏问题的解决，尤其是《环境保护税法》与《资源税法》的先后实施，将绿色税收升级到法治化时代，初步形成了以环境保护税与资源税为主体，其他绿色相关税种为补充的绿色税种体系。但作为绿色税收制度本身来讲，其构建程度及施行过程中仍存在缺陷与不足，亟待完善。

第一节 绿色税收制度供给的现状

根据前文所述，我国现行绿色税收制度主要包括与绿色税收相关的正式、非正式规则及其实现机制。即现行的绿色税收税种体系、相关税种的税收优惠政策、非正式规则与征收管理机制。本章节内容主要围绕绿色税收制度的四部分内容进行展开论述，以期对我国现行绿色税收制度的供给现状与问题实现全景式关照与梳理。

一、绿色税种体系的供给

当前，我国的绿色税种体系以环境保护税及资源税为主体税种，辅之消费税、耕地占用税、车船税、车辆购置税、城市维护建设税、烟叶税等绿色相关税种构成。现有绿色税种体系在征纳税收收入的同时，更多的是承载对保护环境与低碳发展的绿色发展使命，通过对供给情况进行全面梳理，查找缺陷与不足，有助于实现对绿色税收制度供给的完善与优化。

（一）绿色主体税种

1. 环境保护税

第一，环境保护税的发展历程。

现行的环境保护税是由排污费制度演变而来。自20世纪70年代以来，我国便提出排污收费制度并展开试点，1979年9月第五届全国人大常委会颁布实施的《中华人民共和国环境保护法（试行）》正式确立了排污费制度，1982年2月国务院发布了《征收排污费暂行办法》，在全国范围内开始正式征收排污费，其主要目的在于减少环境污染与征收环境治理资金。1988年7月国务院发布了《污染源治理专项基金有偿使用暂行办法》，规定将分散使用的环境保护补助资金进行集中使用以提高其使用效益。为了加强对排污费征收、使用的管理，2003年7月开始实施新版的《排污费征收使用管理条例》，对进一步引导市场主体进行节能减排、采用清洁技术及设备与筹集环保专项资金，起到了较好的推动作用。

由图4.1可见，排污费制度在筹措环境保护资金方面成效明显，但在具体施行中，规范性和执法刚性等方面缺陷明显，有鉴于此，环境保护税的开征便提上了日程。2007年5月，在国务院印发的《节能减排综合性工作方案》中提到了"研究开征环境税"的议题，次年，由财政部、国家税务总局和原国家环保总局三部门正式启动对环境税的研究工作。2010年10月，党的十七届五中全会通过的"十二五"规划中正式提出了全面改革资源税，开征环境保护税的目标任务。2013年11月，党的十八届三中全会通过的《中共中央关于全面深化改革若干重大问题的决定》（以下简称《决定》）在完善税收制度部分，提出要继续推动环境保护费改税。2014年11月，财政部、原环境保护部与国家税务总局将《环境保护税法（草稿）》报送国务院；次年，国务院就《环境保护税法（草稿）》内容及说明予以公布，并向社会各界征求意见。

2015年6月，原国务院法制办首次公布了《环境保护税法（征求意见稿）》，对环境保护税的基本内容进行具体阐释。2016年8月，第十二届全国人大常委会第二十二次会议对《环境保护税法（草案）》进行了初次审议；2016年12月，第十二届全国人大常委会第二十五次会议表决通过了《环境保护税法》，并于2018年1月1日起正式施行。标志着排污费制度完成了其过渡性的历史使命，环境保护税进入了法治化时代。

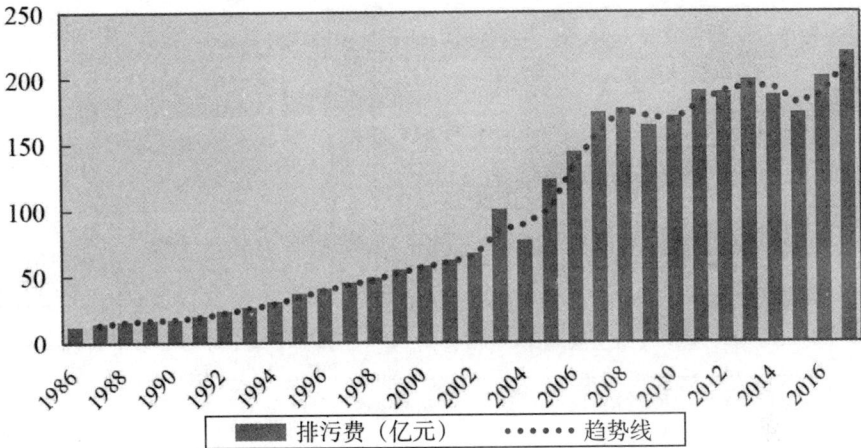

资料来源：生态环境部网站之专题专栏——试行排污收费制度http://www.mee.gov.cn

图4.1　排污费征收情况（1986—2016年）

第二，环境保护税的制度与政策体系。

在《环境保护税法》的出台和实施过程中，中央和地方政府相继出台了一系列的配套制度和政策文件，以保障其顺利实施与及时完善，初步构建了环境保护税的制度和政策体系。截至2022年2月，国家层面的主要环境保护税制度和政策文件汇总如表4.1所示。

表4.1　全国性主要环境保护税制度及政策文件汇总（截至2022年2月）

标　　　题	文　　号	发文时间
关于全面做好环境保护税法实施准备工作的通知	财税〔2017〕62号	2017-07-21

标　　题	文　号	发文时间
关于环境保护税收入归属问题的通知	国发〔2017〕56号	2017-12-22
中华人民共和国环境保护税法实施条例	国务院令第693号	2017-12-25
关于发布计算污染物排放量的排污系数和物料衡算方法的公告	环境保护部公告2017年第81号	2017-12-27
关于发布《海洋工程环境保护税申报征收办法》的公告	国家税务总局 国家海洋局公告2017年第50号	2017-12-27
关于停征排污费等行政事业性收费有关事项的通知	财税〔2018〕4号	2018-01-07
关于发布《环境保护税纳税申报表》的公告	国家税务总局公告2018年第7号	2018-01-27
关于环境保护税有关问题的通知	财税〔2018〕23号	2018-03-30
关于明确环境保护税应税污染物适用等有关问题的通知	财税〔2018〕117号	2018-10-25
关于发布计算环境保护税应税污染物排放量的排污系数和物料衡算方法的公告	生态环境部 财政部 税务总局公告2021年第16号	2021-04-28
关于公布《环境保护、节能节水项目企业所得税优惠目录（2021年版）》以及《资源综合利用企业所得税优惠目录（2021年版）》的公告	财政部 税务总局 发展改革委 生态环境部公告2021年第36号	2021-12-16

资料来源：根据国务院及相关部委官方网站材料整理而成

根据《环境保护税法》的相关条款之规定，地方各级政府按照相应的法律授予权限与报备程序，在职责权限范围内制定了适合本区域的相应政策与具体办法。比如，现行《环境保护税法》对应税大气污染物和水污染物规定了幅度税额，并在其第六条中授权了各省级政府在幅度税额范围内的自主权及报备程序，当前全国各地根据自身经济实力和环境污染现状，分别出台了辖区内的环境保护税适用税额，具体税额的地区差异基本上与经济发展水平呈现正相关态势。同时，按照第十条第四款和第二十一条的规定，各省、区、市政府也相继印发了与规定内容相适应的环境保护税核定征收管理办法。中央与地方关于贯彻落实《环境保护税》的制度与政策体系，充分践行了税收法定原则的精神，为进一步完善与优化关于绿色税收法制体系规定奠定了良好基础。

第三，环境保护税的质效。

环境保护税的立法及开征，在深化并拓展税收法定原则的适用领域基础上，填补了我国绿色税收制度缺乏法定核心税种的空白，对构建绿色税收法制化体系与推进税制改革，促进绿色发展具有重要意义。作为对排污费制度的衍化与升级，按照"税费平移"原则并经过四年的征收实践，具体在征收对象与范围、计税依据与方法等环节进行平移沿用，实现了由收费到纳税的模式转变与平稳衔接。

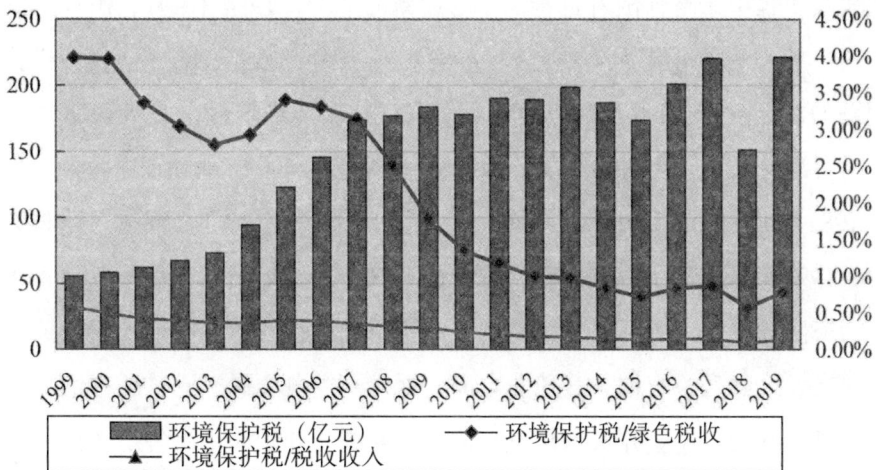

资料来源：根据《中国税务年鉴》《中国环境统计年鉴》整理并计算比例后绘制

图4.2 环境保护税征收情况（1999—2019年）

由图4.2可见，环境保护税与之前的排污费征收情况基本持平，2018年作为过渡期出现了回落属于正常调整。总体来看，环境保护税占绿色税收及总体税收的比重偏低，需要提升的空间较大。作为法定的绿色税收核心税种，税收制度的强制性与固定性特征，能够有效实现保持环境保护资金来源的稳定性与规范性，有效地抑制了市场主体的环境污染负外部性。"谁污染谁交税"与"多排多交、少排少交"的征纳理念，辅之不同情形的税收优惠政策，对不同类型的企业实现了征缴与奖励的异化导向，对纳税人的生产经营观念与自觉纳税意识都有所提升，促进了产业结构优化与经济绿色转型。采取自行申报与税务、环保部门协作征管的方式，提高了专业度与征收效率，实现了以税治污的立法目的。同时，作为地方税种，《环境保护税法》通过对地方政府进行全额的税收收入归属，以及对某些领域的税额授权与应税污染物项目的决定权，有效调动了地方政府的税收征管积极性与主动性。

2. 资源税

第一，资源税的改革与发展历程。

资源税作为对我国境内开发利用自然资源的社会主体所征收的绿色税种，其发展历程中始终伴随着自身变革与创新的节奏。1984年9月，国务院发布了《中华人民共和国资源税条例（草案）》，同年财政部出台了《资源税若干问题的规定》，对资源税的具体内容及程序作出详细阐释，并于1985年出台了《资源税若干问题的补充规定》，进一步规范了征收管理等程序内容。我国于1984年10月1日起开始对煤炭、原油、天然气等三种非金属矿产征收资源税，1991年《关于征收铁矿石资源税的通知》将铁矿石纳入征收范围，1993年国务院颁布了《资源税暂行条例》对资源税进行改革，将征税对象扩容到了煤炭、天然气、石油、其他非金属矿原矿、黑色金属矿原矿、有色金属矿原矿和盐等七大类，并实行从量定额征收办法，并于同年配备了《资源税暂行条例实施细则》，使得当时的资源税收入增幅明显。但随着市场经济的快速发展，此种征收办法明显不适应税制发展需求，2010年6月，以新疆为原油与天然气资源税改革试点，再次启动新一轮的资源税从价计征改革，同年12月，进一步将该改革方案推广到西部12个省域范围，并于次年11月份实现了全国覆盖。

2011年3月，"十二五"规划纲要中提出了"全面推进资源税改革，适当提高资源税税负，完善计征方式，将重要资源产品由从量定额征收改为从价定率征收，促进资源合理开发利用"等改革任务。同年9月，国务院发布了《资源税暂行条例（2011修订）》，再次对征收范围、税目、税率等内容进行修订，并按照从价定率和从量定额相结合征收资源税。2013年11月，党的十八届三中全会通过的《决定》中再次提出了"加快资源税改革"的要求。2014年12月，煤炭资源税从价计征改革全面实施，同时全面清理了涉煤收费基金。2015年5月，财政部与国家税务总局共同出台了《关于实施稀土、钨、钼资源税从价计征改革的通知》，实施稀土、钨、钼资源税清费立税、从价定率计征改革。2016年5月，财政部、国家税务总局与水利部印发《水资源税改革试点暂行办法》，以河北省为试点率先进行水资源从量计征改革。同月，财政部、国家税务总局公布了《关于全面推进资源税改革的通知》，决定于2016年7月1日起推动对资源税进行全面性的制度改革，主要从拓展征收范围与改革计征方式，合理明确税率与清理相关收费基金，加强优惠政策与管理制度优化等领域展开。2019年8月26日，第十三届全国人大常委会第十二次会议通过了《资源税法》，并于2020年9月1日起正式施行。

第二，资源税的制度与政策体系。

在《资源税法》的出台和实施过程中，中央和地方政府相继出台了一系列的配套制度和政策文件，以保障其顺利实施与及时完善，初步构建了资源税的制度和政策体系。截至2022年2月，国家层面的主要资源税制度和政策文件汇总如表4.2所示。

表4.2　全国性主要资源税制度及政策文件汇总（截至2022年2月）

标　题	文　号	发文时间
关于修改《中华人民共和国资源税暂行条例》的决定	国务院令第605号	2011-09-30
中华人民共和国资源税暂行条例实施细则	财政部　国家税务总局令第66号	2011-10-28
关于实施煤炭资源税改革的通知	财税〔2014〕72号	2014-10-09

标　题	文　号	发文时间
关于调整原油、天然气资源税有关政策的通知	财税〔2014〕73号	2014-10-09
关于调整铁矿石资源税适用税额标准的通知	财税〔2015〕46号	2015-04-27
关于实施稀土、钨、钼资源税从价计征改革的通知	财税〔2015〕52号	2015-04-30
关于资源税改革具体政策问题的通知	财税〔2016〕54号	2016-05-09
关于全面推进资源税改革的通知	财税〔2016〕53号	2016-05-09
关于印发《扩大水资源税改革试点实施办法》的通知	财税〔2017〕80号	2017-11-24
关于对页岩气减征资源税的通知	财税〔2018〕26号	2018-03-29
关于发布《资源税征收管理规程》的公告	国家税务总局公告2018年第13号	2018-03-30
关于继续执行的资源税优惠政策的公告	财政部 税务总局公告2020年第32号	2020-06-24
关于资源税有关问题执行口径的公告	财政部 税务总局公告2020年第34号	2020-06-28
关于资源税征收管理若干问题的公告	国家税务总局公告2020年第14号	2020-08-28

资料来源：根据国务院及相关部委官方网站材料整理而成

资源税改革的本质是对利益分配关系进行的协调，作为地方税种，1994年分税制改革后，除了海洋石油企业所缴纳税款归入中央之外，其余尽归地方。此举进一步扩大了地方税权并调动了地方政府主导环境治理的主观能动性。现行《资源税法》授予了地方政府选择征收方式及税目、税率的裁量权，具体的征收依据为《资源税税目税率表》如表4.3所示。

表4.3　资源税税目税率

税　目			征税对象	税　率
能源矿产	原油		原矿	6%
	天然气、页岩气、天然气水合物		原矿	6%
	煤		原矿或者选矿	2%～10%
	煤成（层）气		原矿	1%～2%
	铀、钍		原矿	4%
	油页岩、油砂、天然沥青、石煤		原矿或者选矿	1%～4%
	地热		原矿	1%～20% 或 者 每立方米1～30元
金属矿产	黑色金属	铁、锰、铬、钒、钛	原矿或者选矿	1%～9%
	有色金属	铜、铅、锌、锡、镍、锑、镁、钴、铋、汞	原矿或者选矿	2%～10%
		铝土矿	原矿或者选矿	2%～9%
		钨	选矿	7%
		钼	选矿	8%
		金、银	原矿或者选矿	2%～6%
		铂、钯、钌、锇、铱、铑	原矿或者选矿	5%～10%
		轻稀土	选矿	7%～12%
		中重稀土	选矿	20%
		铍、锂、锆、锶、铷、铯、铌、钽、锗、镓、铟、铊、铪、铼、镉、硒、碲	原矿或者选矿	2%～10%

续表

税 目			征税对象	税 率
非金属矿产	矿物类	高岭土	原矿或者选矿	1%～6%
		石灰岩	原矿或者选矿	1%～6%或者每吨（或者每立方米）1～10元
		磷	原矿或者选矿	3%～8%
		石墨	原矿或者选矿	3%～12%
		萤石、硫铁矿、自然硫	原矿或者选矿	1%～8%
		天然石英砂、脉石英、粉石英、水晶、工业用金刚石、冰洲石、蓝晶石、硅线石（砂线石）、长石、滑石、刚玉、菱镁矿、颜料矿物、天然碱、芒硝、钠硝石、明矾石、砷、硼、碘、溴、膨润土、硅藻土、陶瓷土、耐火黏土、铁矾土、凹凸棒石黏土、海泡石黏土、伊利石黏土、累托石黏土	原矿或者选矿	1%～12%
		叶蜡石、硅灰石、透辉石、珍珠岩、云母、沸石、重晶石、毒重石、方解石、蛭石、透闪石、工业用电气石、白垩、石棉、蓝石棉、红柱石、石榴子石、石膏	原矿或者选矿	2%～12%
		高岭土	原矿或者选矿	1%～6%
		石灰岩	原矿或者选矿	1%～6%或者每吨（或者每立方米）1～10元
		磷	原矿或者选矿	3%～8%

续表

税　目		征税对象	税　率
	石墨	原矿或者选矿	3%～12%
	萤石、硫铁矿、自然硫	原矿或者选矿	1%～8%
	天然石英砂、脉石英、粉石英、水晶、工业用金刚石、冰洲石、蓝晶石、硅线石（砂线石）、长石、滑石、刚玉、菱镁矿、颜料矿物、天然碱、芒硝、钠硝石、明矾石、砷、硼、碘、溴、膨润土、硅藻土、陶瓷土、耐火黏土、铁矾土、凹凸棒石黏土、海泡石黏土、伊利石黏土、累托石黏土	原矿或者选矿	1%～12%
	叶蜡石、硅灰石、透辉石、珍珠岩、云母、沸石、重晶石、毒重石、方解石、蛭石、透闪石、工业用电气石、白垩、石棉、蓝石棉、红柱石、石榴子石、石膏	原矿或者选矿	2%～12%
	其他黏土（铸型用黏土、砖瓦用黏土、陶粒用黏土、水泥配料用黏土、水泥配料用红土、水泥配料用黄土、水泥配料用泥岩、保温材料用黏土）	原矿或者选矿	1%～5% 或每吨（每立方米）0.1～5元
岩石类	大理岩、花岗岩、白云岩、石英岩、砂岩、辉绿岩、安山岩、闪长岩、板岩、玄武岩、片麻岩、角闪岩、页岩、浮石、凝灰岩、黑曜岩、霞石正长岩、蛇纹岩、麦饭石、泥灰岩、含钾岩石、含钾砂页岩、天然油石、橄榄岩、松脂岩、粗面岩、辉长岩、辉石岩、正长岩、火山灰、火山渣、泥炭	原矿或者选矿	1%～10%

税　目			征税对象	税　率
		砂石	原矿或者选矿	1%～5% 或 每 吨（每立方米）0.1～5元
		宝石、玉石、宝石级金刚石、玛瑙、黄玉、碧玺	原矿或者选矿	4%～20%
水气矿产	二氧化碳气、硫化氢气、氦气、氡气		原矿	2%～5%
	矿泉水		原矿	1%～20% 或每立方米1～30元
盐	钠盐、钾盐、镁盐、锂盐		选矿	3%～15%
	天然卤水		原矿	3%～15% 或每吨（每立方米）1～10元
	海盐		选矿	3%～15%

资料来源:《中华人民共和国资源税法》(2020年9月1日起施行)之附件

第三，资源税的质效。

资源税作为绿色税收的主体税种之一，其征收目的在于实现对资源的合理有偿使用，通过税收形式调节现有自然资源的级差收入，达到保护资源与合理利用的相对均衡。资源税秉承"庇古税"的理论内核，践行"污染者付费"原则，历经三十余年的改革与完善，完成了由最初的"从量计征"到现在的"从价计征为主与从量计征为辅"的税收征管方法的转变。自1984年《资源税条例（草案）》至今，资源税立法的法律位阶逐步提升，进一步落实了税收法定原则，深化并完善了相关地方税收体系，拓展了绿色税收法制体系内容及适用范围。

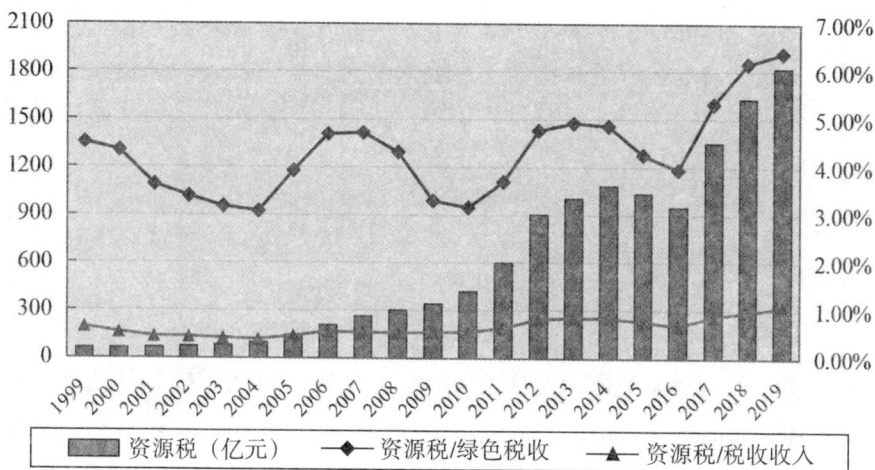

资料来源：根据《中国税务年鉴》整理并计算比例后绘制

图4.3　资源税征收情况（1999—2019年）

由图4.3可知，近20年来，资源税的征收自2011年实现从价计征改革后，呈现出明显的增长态势并予以保持，其占绿色税收及总体税收的比例稳步提升，也印证了其作为绿色税收主体税种的合理性。现行《资源税法》在扩展征税范围、优化税目税率、简化纳税程序、规范优惠政策、强化征收管理与协调央地利益等方面都实现了全面的提升，通过规范税费关系与强化税收征管机制，理顺了政府与企业的资源利益分配关系，既保持了当前税制框架与税负水平的平稳延续，又对其税制本身的绿色成分进行了强化，充分践行了公平与效率相结合的税收征管原则，在绿色税收制度领域进一步推动了绿色发展与生态文明建设进程。

（二）绿色相关税种

1. 消费税

消费税作为流转税的重要税种，其价内税的属性对引导消费行为及产品结构优化意义重大。1994年元旦开始施行的《消费税暂行条例》，标志着消费税作为独立税种而呈现，1998年7月通过对卷烟类产品进行差别税率的征收，充分展现了消费税调节消费行为的行为税职能。近年来，环境污染与生态破坏问题的加剧，使得消费税的绿色税种成分日渐增长，逐步加大对高档消费品和资源消耗大、高污染高能耗等产品的征税力度，赋予了其保护生态环境的税制导向。2006年税改过程中，为增强人们积极保护环境的环保意识，合理利用现有森林木材资源，新增了成品油、木质一次性筷子、实木地板、游艇等税目，将汽油、柴油两个税目并入成品油税目中，2015年新加入电池与涂料税目，期间多次提高了汽车与成品油税率，2016年对130万以上的豪华小汽车加征消费税。同时，为了降低环境污染与鼓励节能环保，规定延长对废矿物油、再生油品免征消费税政策的实施期限，对利用废弃的动植物油生产纯生物柴油免征消费税。当前，根据修订后的现行2009年版《消费税暂行条例》之规定，涉及绿色税收领域的关于环境保护相关税目税率如表4.4所示。

表4.4 消费税税目税率（绿色税收相关）

税 目			税 率
烟	卷烟	甲类卷烟	45%加0.003元/支
		乙类卷烟	30%加0.003元/支
	雪茄烟		25%
	烟丝		30%
化妆品			30%
鞭炮、焰火			15%
成品油	汽油	含铅汽油	0.28元/升
		无铅汽油	0.20元/升
	柴油		0.10元/升
	航空煤油		0.10元/升
	石脑油		0.20元/升

税 目		税 率
	溶剂油	0.20元/升
	润滑油	0.20元/升
	燃料油	0.10元/升
摩托车	气缸容量≤250毫升	3%
	气缸容量>250毫升	10%
小汽车 乘用车	气缸容量（排气量，下同）≤1.0升	1%
	1.0升<气缸容量≤1.5升	3%
	1.5升<气缸容量≤2.0升	5%
	2.0升<气缸容量≤2.5升	9%
	2.5升<气缸容量≤3.0升	12%
	3.0升<气缸容量≤4.0升	25%
	气缸容量>4.0升	40%
	超豪华小汽车	10%
	中轻型商用客车	5%
游艇		10%
木制一次性筷子		5%
实木地板		5%
电池		4%
涂料		4%

资料来源：《中华人民共和国消费税暂行条例》（2009年1月1日起施行）之附件

由图4.4消费税征收情况的形势可见，消费税对绿色税收的占比基本上保持在半数的比例以上，说明消费税对绿色税收的突出贡献，其对抑制不合理消费与引导绿色生产与消费作用显著，同时也要认识到其并非以绿色环保为主要征收目的，其占总体税收收入的比重仍然相对较低，未来消费税改革需要进一步提升对绿色税收的贡献。

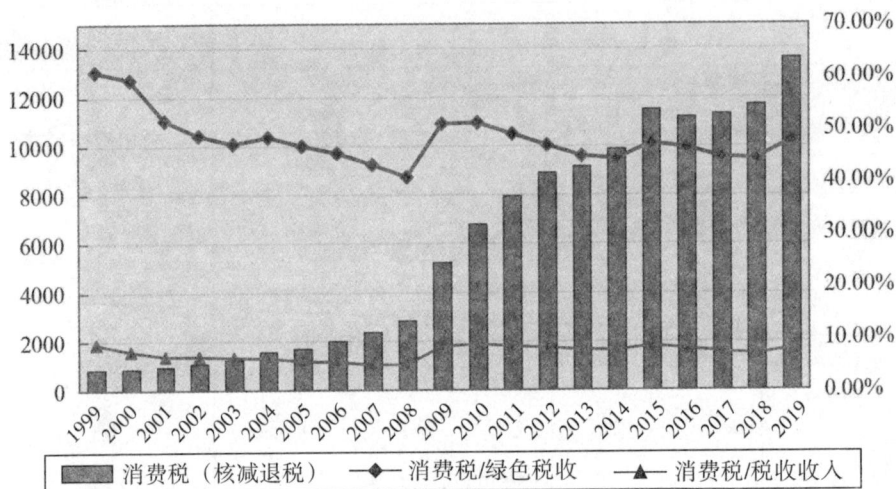

资料来源：根据《中国税务年鉴》整理并计算比例后绘制

图4.4　消费税征收情况（1999—2019年）

2. 城市维护建设税

城市维护建设税作为一种附加的独立绿色税种，源于1984年全面工商税制改革时的新设税种，次年国务院发布了《中华人民共和国城市维护建设税暂行条例》后正式开征，最初目的是为城市建设和维护筹措财政资金。1994年税制改革过程中予以保留，并将纳税人修改为国内缴纳产品税、增值税与营业税的单位与个人。2010年12月，开始对外商投资企业、外国企业及外籍个人征收城市维护建设税，实现了国内外企业税收征纳的标准统一。城市建设过程中的环境问题日益凸显，其税收职能则转变为促进城市发展提供稳定的专项资金支持，2020年8月，第十三届全国人大常委会第二十一次会议通过了《中华人民共和国城市维护建设税法》，实现了由行政法规到法律的立法位阶升级。新法在秉承税制平移原则的基础上，保证了现有框架及税负水平的整体衔接与延续，增加了纳税人可以从城建税的计税依据中扣除期末留抵退税退还的增值税税额之规定，并实现了现有税制中将税收征管权限逐步下放给地方的协调。作为一个受益性的附加税种，由于没有独立税基，其征收规模依赖于增值税与消费税的征收情况，但并不影响其专项绿色税收收入的具体用途，一直为城市的维护与建设提供稳定的税收支持。

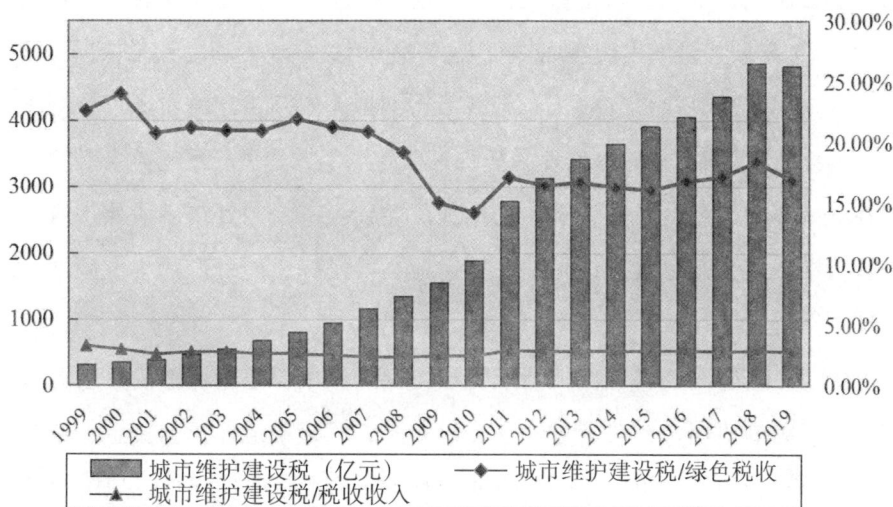

资料来源：根据《中国税务年鉴》整理并计算比例后绘制

图4.5 城市维护建设税征收情况（1999—2019年）

由图4.5可知，基于其附加税收的特殊性，城市维护建设税伴随增值税与消费税的征收比例提升而得到了同步的提升，其对绿色税收的贡献亦是处于相对较高的区间。近年来其占全国总税收收入的比例日渐趋于稳定，表明城市维护建设税与增值税、消费税实现了良性的互动与协调，未来必然会对其进行更为精准的改革，将进一步增强对绿色发展的贡献。

3. 耕地占用税

改革开放以来耕地资源日益减少，为了保护有限的耕地，1987年4月，国务院发布了《耕地占用税暂行条例》，2007年12月，国务院令第511号对《耕地占用税暂行条例》进行了修改，进一步加强了土地管理与保护力度，直到2018年12月，第十三届全国人大常委会第七次会议通过了最新的《耕地占用税法》，为贯彻落实《耕地占用税法》，财政部、国家税务总局、自然资源部、农业农村部、生态环境部共同制定了《耕地占用税法实施办法》。《耕地占用税法》第二条"在中华人民共和国境内占用耕地建设建筑物、构筑物或者从事非农业建设的单位和个人，为耕地占用税的纳税人，占用耕地建设农田水利设施的，不缴纳耕地占用税。本法所称耕地，是指用于种植农作物的土地"，第三条"耕地占用税以纳税人实际占用的耕地面积为计税依据，按照规定的适用税额一次性征收，应纳税额为纳税人实际占用的耕地面积（平方米）乘以适用税额"，对本税种的征税对象与纳税方式进行了明确。其立税目的在于筹集农业生产发展资金，采用地区差别税率，以经济手段保护有限的土地资源，加强土地管理以保护农用耕地，并发挥土地资源的生态固本、绿色环保作用。

耕地占用税作为耕地保护领域的唯一税种，主要通过税额的征纳调节现有耕地资源的使用，同时通过转移支付的方式汇聚耕地保护的资金，在对耕地的保护过程中发挥重要作用，由此它具备了资源税收的属性，成为绿色税收制度中绿色相关税种之一。由图4.6可见，以2007年国务院对《耕地占用税暂行条例》进行修改为时间分界点，之后形成了高速增长并维持相对高位的趋势，与房地产市场的繁荣实现同步，彰显了土地价值的同时，也为筹集耕地保护资金发挥了积极的绿色税收效用，未来也将在合理利用土地资源领域发挥更为稳健的调控功效。

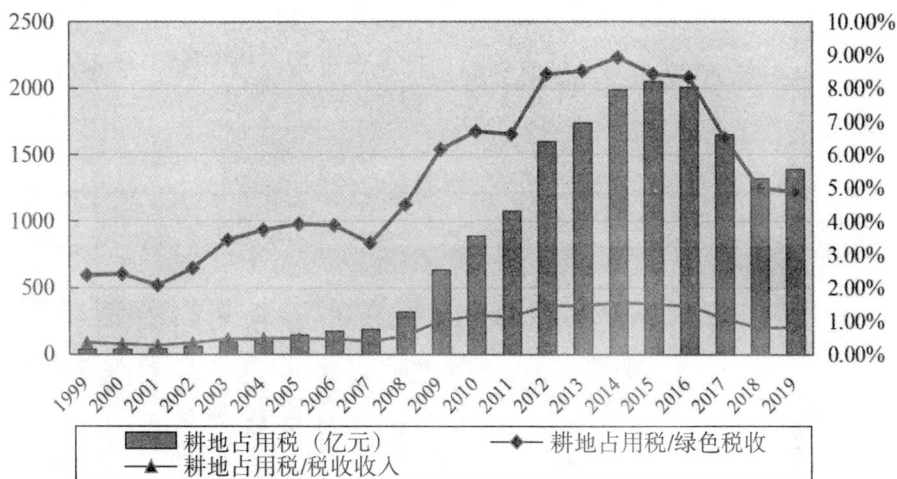

资料来源：根据《中国税务年鉴》整理并计算比例后绘制

图4.6　耕地占用税征收情况（1999—2019年）

4. 城镇土地使用税

城镇土地使用税作为调节土地级差收入，提高土地使用收益的资源类绿色税种，是国家作为土地所有者针对土地使用者的土地使用情况进行的定价。作为我国在土地保有环节征收的税种，其执行依据为1988年9月27日发布的国务院令第17号《城镇土地使用税暂行条例》，现行具体依据已于2006年12月，国务院令第483号进行了部分修改。据此可见，其征收依据的立法层级与位阶相对较低，有待对其进行法律规制。按照现行规定，其征收范围按照土地所在的行政区划进行级差定额税率设定，对公益性用途予以免税，并对填海造田以及废弃土地改造进行税收优惠，展现出其在保护环境及维持生态方面的绿色税种作用，为实现国家对现有土地收益及调控存量建设用地起到积极作用。

从图4.7的征收情况来看，城镇土地使用税对比耕地占用税来讲，对于近年来我国房地产市场发展的趋向反映更加明显，其标志性年份出现在2008年。当时，为应对全球性金融危机，避免经济硬着陆的风险，政府投资四万亿进行投资并稳定经济形势，受益最大的当数房地产行业。自2008年开始，我国房地产进入飞速发展阶段，土地使用量激增，使得城镇土地使用税水涨船高，其占绿色税收及税收总收入的比重逐年攀升，直至2019年步入下行趋势。

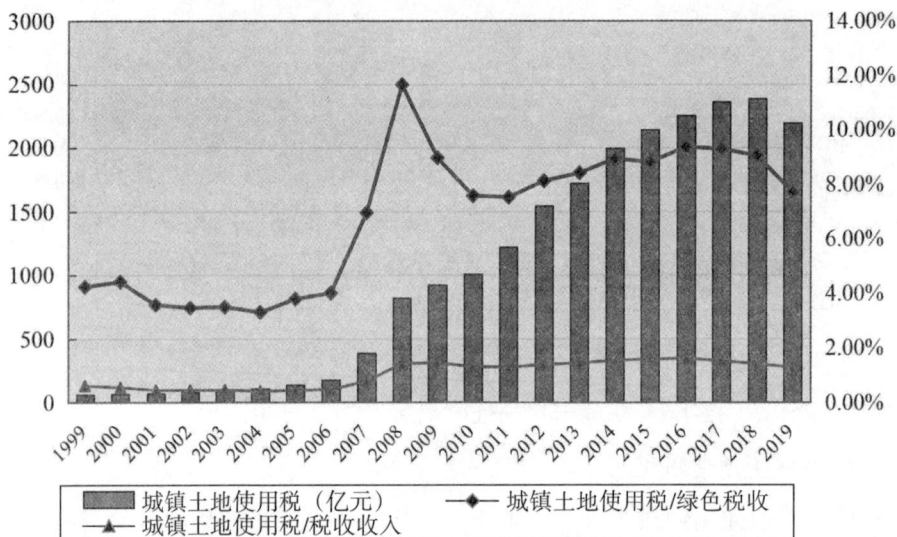

资料来源：根据《中国税务年鉴》整理并计算比例后绘制

图4.7　城镇土地使用税征收情况（1999—2019年）

5. 车辆购置税

车辆购置税作为国家交通基础设施建设的重要资金来源，是对在境内购置规定车辆的单位和个人征收的绿色税种，其本质上属于消费税，是由车辆购置附加费演变而来的。1985年5月，原交通部颁布了《车辆购置附加费征收办法》，其中规定对新购车辆征收附加费用，目的为国家公路建设政府性基金筹集资金。2000年10月，国务院公布了《中华人民共和国车辆购置税暂行条例》，首次权威系统地对车辆购置税的征收范围、税率及征收管理等内容予以规制，具体事项由国家税务总局出台的《车辆购置税征收管理办法》予以补足。但条例内容未涉及优惠条款，后续主要通过国家税务总局的文件多次调整税率予以完善。2018年12月29日，第十三届全国人大常委会第七次会议通过了《车辆购置税法》，以更高的法律位阶实现了对其规制的全面升级，再次对具体征税范围进行了调整，对农用运输车、电车与摩托车分别予以免收或减收的规定，同时明确了与增值税的税制协调机制。具体阶段性的税率变化及减免规定，参照表4.5所示。

表4.5　车辆购置税征纳税率的阶段性变化汇总

阶段	时间	税率		调整目的
初创期	2001年1月1日—2009年1月19日	10%		筹集交通设施建设资金
调整期	2009年1月20日—2009年12月31日	小排量乘用车	5%	培育汽车消费
		其他排量乘用车	10%	
	2010年1月1日—2010年12月31日	小排量乘用车	7.50%	
		其他排量乘用车	10%	
平稳期	2011年1月1日—2015年9月30日	10%		乘用车增速平缓
调整期	2014年9月1日—2017年底	纯电动、混动、燃料电池三类新能源车	免征	调整汽车产业结构，鼓励发展新能源汽车
	2015年10月1日—2016年12月31日	小排量乘用车	5%	
		其他排量乘用车	10%	
	2017年1月1日—2017年12月31日	小排量乘用车	7.50%	
		其他排量乘用车	10%	
平稳期	2018年1月1日至今	新能源车免征，其余10%		汽车市场稳定发展

资料来源：根据历年车辆购置税税率变化情况整理而成

由表4.5中车辆购置税征纳税率的阶段性变化情况可知，车辆购置税的税率根据汽车消费市场的行业发展情况，通过政策方式予以积极回应，税率的设定幅度虽有起伏，但是幅度不大，整体上对我国汽车行业的稳定发展起到了积极的推动作用。

根据图4.8可知，我国汽车市场的发展历程与调整车辆购置税实现了高度同步。2009年调整税率后，汽车市场迎来了发展高峰，使得税收收入保持了较高的增长速度与较长的时间跨度，其对绿色税收及总体税收收入的占比一直较为平稳，实现了为交通基础设施建设提供稳定资金来源的立法目的。

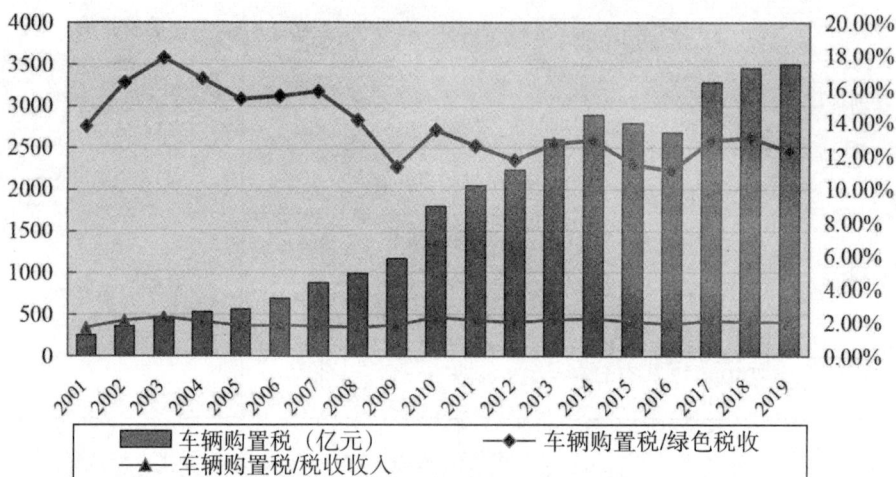

资料来源：根据《中国税务年鉴》整理并计算比例后绘制

图4.8　车辆购置税征收情况（2001—2019年）

6. 车船税

车船税是由车船使用牌照税与车船使用税演变而来的绿色税种，作为一种财政税，主要是对车船的保有者按照其排量与船身长度进行年度性的征税，以促进节能减排与保护环境为主要目的。早在1951年9月，原政务院发布了《车船使用牌照税暂行条例》，开始征收车船使用牌照税，1986年9月，国务院发布了《车船使用税暂行条例》进行了税种变更，直到2006年12月，国务院通过公布《车船税暂行条例》将其确定为现行的车船税。2011年2月25日，第十一届全国人大常委会第十九次会议通过了《中华人民共和国车船税法》，标志着我国第一部由条例上升为法律的地方税立法完成。

表4.6　车船税税目税额（自2012年1月1日起施行）

税　目		计税单位	年基准税额	备　注
乘用车:按发动机汽缸容量（排气量）分档	1.0升（含）以下	每辆	60元至360元	核定载客人数9人（含）以下
	1.0升以上至1.6升（含）		300元至540元	
	1.6升以上至2.0升（含）		360元至660元	
	2.0升以上至2.5升（含）		660元至1200元	
	2.5升以上至3.0升（含）		1200元至2400元	
	3.0升以上至4.0升（含）		2400元至3600元	
	4.0升以上		3600元至5400元	
商用车	客　车	每辆	480元至1440元	核定载客人数9人以上，包括电车
	货　车	整备质量每吨	16元至120元	包括半挂牵引车、三轮汽车和低速载货汽车等
挂　车		整备质量每吨	按照货车税额的50%计算	
其他车辆	专用作业车	整备质量每吨	16元至120元	不包括拖拉机
	轮式专用机械车		16元至120元	
摩托车		每辆	36元至180元	
船舶	机动船舶	净吨位每吨	3元至6元	拖船、非机动驳船分别按照机动船舶税额的50%计算
	游　艇	艇身长度每米	600元至2000元	

资料来源：《中华人民共和国车船税法》（2012年1月1日起施行）之附件

由图4.9可知，车船税与车船购置税的发展趋势基本上处于同步进行的态势，从侧面反映出我国汽车市场的发展历程与国家对汽车行业的税收征管政策演变。图中数据显示自2006年国务院通过公布《车船税暂行条例》起，其占绿色税收及总税收收入的比重得到大幅提升，当前仍然处于上升阶段，说明当前我国汽车的保有量仍在增长，其对绿色税收的贡献必然还要提升。

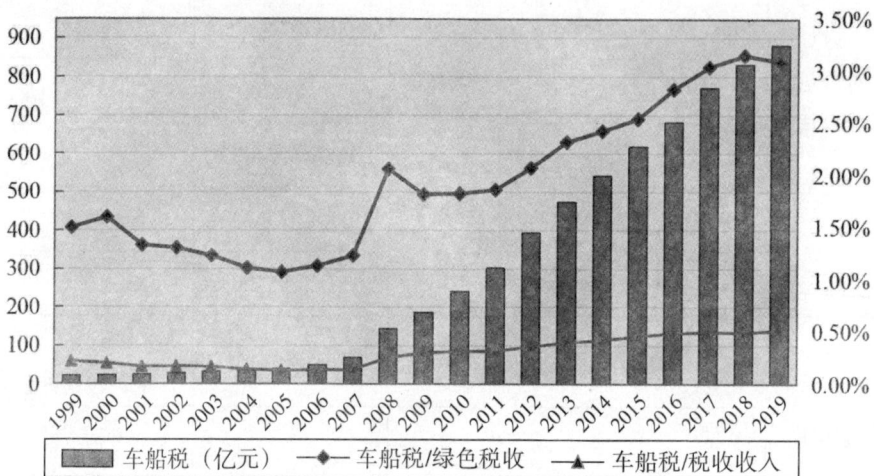

资料来源：根据《中国税务年鉴》整理并计算比例后绘制

图4.9　车船税征收情况（1999—2019年）

7. 烟叶税

烟草行业作为我国国民经济的支柱产业之一，也是最为稳定可靠的财政来源之一，烟草及其制品历来便是各国政府的理想课税对象。烟叶税作为特殊的绿色税种，早在中华人民共和国成立初期便开始征收，开始是对烟草公司收购的烟叶以50%的税率开征，1984年第二步"利改税"后重新确立了工商税制体系，将作为农林特产税的烟叶税率下调为38%，1994年税制改革后，为实现行业良性发展，进一步将税率降至31%，1996年开始，烟草行业迎来了发展高峰，1998年再次将农业特产税中的烟叶税率降至20%，并一直沿用至今。2006年农业领域完善税费改革，我国全面取消了农业税，为了维持地方财政收入及相关行业的稳定发展，2006年4月，国务院颁布并实施了《中华人民共和国烟叶税暂行条例》，通过征收烟叶税取代原烟叶特产农业税，实现了烟叶税制的平稳过渡。2017年12月27日第十二届全国人大常委会第三十一次会议通过《中华人民共和国烟叶税法》，以法律的形式对烟叶税征收予以明确。

由图4.10可见，自2006年单列为独立税种以来，烟叶税税收收入的比重出现了类似周期的波动，在2013年达到峰值后逐步回落，其占绿色税收及总税收的比重都非常小，说明对绿色发展的作用有限，期待未来改革对其作出更加合理的规制安排。

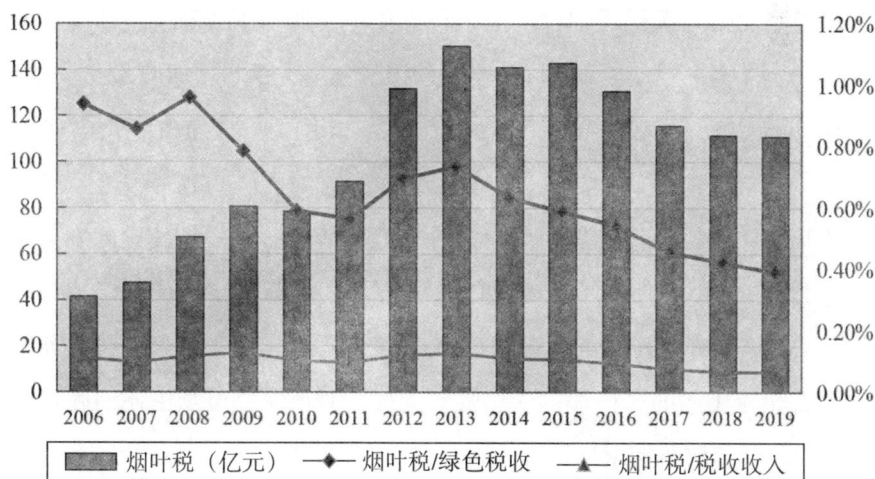

资料来源：根据《中国税务年鉴》整理并计算比例后绘制

图4.10　烟叶税征收情况（2006—2019年）

二、绿色税收优惠政策

根据前文所述，绿色税收的内涵不仅包括现有绿色税种体系，还包括现有税制体系中对环境保护相关的绿色税收优惠政策。当前，除了以上8种绿色税种之外，其他10种税收中涉及绿色税收优惠政策的以增值税与企业所得税为主，其余税种中涉及内容较少。

（一）增值税绿色税收优惠政策

增值税作为我国最主要也是财政收入比重最大的税种，通过对境内生产、流通、消费等环节的产品及劳务增值部分进行征税，对调整市场主体的经济行为与产业结构有直接影响。增值税对环境保护的绿色价值主要体现在：第一，鼓励市场主体通过资源综合利用进行节能减排。比如，对纳税人在矿产资源开采、工业生产及社会生活过程中的资源综合利用部分，可以享受不同程度的增值税免征或即征即退政策。国家税务总局、财政部等部门对资源综合利用部分的增值税优惠政策，根据社会及行业发展变化情况及时作出相应调整。第二，支持国内环保事业发展所需的设备及原材料优惠。比如，符合规定条件的国内企业为生产国家支持发展的大型环保和资源综合利用设备而确有必要进口部分关键零部件、原材料，免征关税和进口环节增值税（财关税〔2010〕50号）。第三，支持新能源勘探、开发类项目及进口利用。比如，对石油（天然气）、煤层气勘探开发作业项目和海上油气管道应急救援项目的免税、天然气进口环节增值税进行先征后返（财关税〔2021〕18号）。第四，鼓励市场主体采用环保产品。比如，对生产原料中粉煤灰和其他废渣掺兑量在30%以上的水泥熟料，享受增值税即征即退政策（国税函〔2003〕1164号）。另外，对纳税人销售自产的符合规定的资源综合利用产品及劳务等方面，都有相应比例的即征即退优惠政策支持，对环保类市场主体的固定资产抵扣等税费优惠政策均给以适度倾斜。

（二）企业所得税绿色税收优惠政策

企业所得税是将我国境内的企业和其他取得收入的组织作为纳税人，对其生产经营所得和其他所得征收的一种所得税，是对市场主体经营收益的二次分配。近年来为适应绿色发展的实际需求，企业所得税领域逐步出台了相应的税收优惠政策，以此支持并鼓励企业开展低碳环保的绿色生产。主要体现在：第一，根据《中华人民共和国企业所得税法》（以下简称《企业所得税法》）及《中华人民共和国企业所得税法实施条例》（以下简称《企业所得税法实施条例》）予以法定优惠。《企业所得税法》第三十四条"企业购置用于环境保护、节能节水、安全生产等专用设备的投资额，可以按一定比例实行税额抵免"，《企业所得税法实施条例》第一百条"企业购置并实际使用《环境保护专用设备企业所得税优惠目录》《节能节水专用设备企业所得税优惠目录》和《安全生产专用设备企业所得税优惠目录》规定的环境保护、节能节水、安全生产等专用设备的，该专用设备的投资额的 10% 可以从企业当年的应纳税额中抵免；当年不足抵免的，可以在以后 5 个纳税年度结转抵免"。第二，发布年度性的《环境保护、节能节水项目企业所得税优惠目录》以及《资源综合利用企业所得税优惠目录》公告，培育壮大节能环保产业并推动资源节约高效利用。最新版为 2021 年发布，之前自 2008 年开始共发布数次以扩展并更新目录方式促进环保产业发展。第三，"三免三减半"优惠政策。具体是指从事节能环保、沼气综合利用、海水淡化等行业的企业，从取得经营收入的第一年至第三年免征企业所得税，第四年至第六年减半征收。此外，还有对鼓励环保科研与技术特许权使用、公益捐赠及资产折旧等方面的优惠。

（三）其他税种的绿色税收优惠政策

当前的绿色税收优惠政策体系中，除了以上的增值税及企业所得税对市场主体的生产与经营行为直接作出绿色税收优惠规定之外，其他税种对该领域也有少许的优惠政策供给。比如，房产税与城镇土地使用税方面的优惠政策：根据《财政部 国家税务总局关于天然林保护工程（二期）实施企业和单位房产税 城镇土地使用税政策的通知》（财税〔2011〕90 号）第一条"对长江上游、黄河中上游地区，东北、内蒙古等国有林区天然林二期工程实施企业和单位专门用于天然林保护工程的房产、土地免征房产税、城镇土地使用税"，第二条"对由于实施天然林二期工程造成森工企业房产、土地闲置一年以上不用的，暂免征收房产税和城镇土地使用税"，以及《财政部 国家税务总局关于延续供热企业增值税 房产税 城镇土地使用税优惠政策的通知》（财税〔2019〕38 号）第二条"供热企业向居民供热所使用的厂房及土地免征房产税、城镇土地使用税"。此外，在出口退税及关税方面，根据市场变化及国家能源及产业政策调整，对造成高耗能高污染的能源类产品出口退税率降低或者取消，降低柴油发动机排气过滤及净化装置、废气再循环阀等商品进口关税。

三、绿色税收非正式规则

新制度经济学认为，制度由正式规则与非正式规则构成。正式规则是由政府制定的具有强制性的规范体系；非正式规则是由社会主体自发形成，并得到社会认可并延续的价值观与意识形态，其中，意识形态是非正式规则的核心内容。基于前文所述，绿色税收制度是由绿色税种体系及相关税种的优惠政策、非正式规则与实现机制共同组成。其中，关于绿色税收的法律法规、规章及政策供给构成了其正式规则制度，非正式规则作为人们内心的价值遵循，相比较前者对制度的供给与运行，更多地起到了认同与塑造的作用。

绿色税收作为有效处理环境保护与经济发展关系的经济手段，是人们基于对解决环境问题的理性认知与经验传承。环境问题的本质是人与自然问题，绿色税收制度的非正式规则供给即在处理人与自然过程中所产生的价值取向与意识形态，是人们为应对全球性的环境污染与生态破坏问题，反思自身的价值观念与行为方式，重新认知与重构人与自然的关系，进而探索环境问题的解决之道。近代以来，自奥尔多·利奥波德的《沙乡年鉴》首次推出土地共同体的生态思想并奠定了生态整体主义的基础，到蕾切尔·卡森的《寂静的春天》全面开启了世界环境运动，再到彼得·辛格《动物解放》的深入人心以及阿尔贝特·施韦泽的《敬畏生命》中敬畏一切生命的伦理学理念变革，世界范围内的环保理论发展与全球性社会运动的实践表明，在解决环境问题的过程中仅依靠正式规则是远远不够的，更重要的在于人类自身关于环境保护意识形态的转变与重构。从产生机制来看，环境问题是基于人为因素的功利性介入，导致原有稳定合理的生态环境系统发生了异化的恶果。有鉴于此，学界、公众对环境保护以及经济社会发展方式的意识形态逐步发生转变并日益普及深化，主要体现在对环境保护方面的绿色环保理念以及对经济社会发展方式方面的绿色发展理念。

绿色环保理念作为公众的环境价值观，是基于自身与自然环境关系的认知及态度所展现出的价值与行动取向，是实现人与自然和谐共生的意识形态前提。我国公众绿色环保理念的形成过程，主要是由政府主导的、自上而下的、以倡导与普及为主的，是在我国环境保护事业发展历程中逐步产生的。1973年8月，第一次全国环境保护会议揭开了环境保护事业的序幕，1978年《中华人民共和国宪法》修订第十一条"国家保护环境和自然资源，防治污染和其他公害"奠定了环境保护的法制基础，《中华人民共和国环境保护法（试行）》与《征收排污费暂行办法》等法律法规陆续施行，开始建立环境保护法制体系并逐步健全，1983年第二次全国环境保护会议，正式把环境保护确定为基本国策，环境保护也开始纳入了国民经济和社会发展计划。《中国21世纪议程——中国21世纪人口、环境与发展白皮书》提出了可持续发展的战略与具体方案。党的十六大后，国家提出树立和落实科学发展观，构建社会主义和谐社会、建设资源节约型和环境友好型社会等新战略思想。党的十八大以来，生态文明建设作为"五位一体"总体布局之一上升到国家战略，2018年3月，《宪法修正案》将"生态文明"与"建设美丽中国"入宪，在上述绿色发展战略与思想的引领与积淀基础上，习近平生态文明思想应运而生，进一步确立了绿色发展的生态发展观。当前，绿色环保理念呈现出政府为主导、环保NGO和公众积极参与的良好局面。

当今世界，新一轮生态科技革命和低碳产业变革蓄势待发，绿色经济与绿色发展是世界经济社会发展与人类文明演进的必然选择与时代潮流。绿色发展理念是基于世界发展趋势转向与国内新时代发展所需而产生的最新发展理念，将对全球生态安全与人类文明进程产生重大影响。绿色发展理念有着深厚的理念传承与历史演变过程，我国传统生态思想历来重视对自然的尊重与保护，强调用之有道而适度，要遵循自然万物发展之规律，实现环境资源可持续的循环开发利用，以此确保实现人与自然的和谐与共生。中华人民共和国成立后作为党的生态执政理念，由最初的"统筹兼顾"思想强调经济建设与环境保护相统一，到通过立法推动环境治理，再到提出可持续发展战略与科学发展观，充分展现了对环保问题的重视与认知深化过程。当前绿色发展理念将生态环境直接纳入了生产力范畴，从更高维度拓展了对绿色发展的新定位。绿色发展理念是以人为本的本质体现，新时代社会主要矛盾的嬗变将人民对美好生活的绿色需求予以释放，对当前绿色供给之不足提出挑战也提供了机遇。

新时代国内主要矛盾的变化对绿色发展提出了更高要求，绿色发展理念作为我国面向新时代的治国理政理念，不限于其直观意义上的环保理念本身，更在于引领经济与社会发展、实现文明传承的新范式，具有丰富的内涵与价值体系，是对可持续发展理念的传承与发展。十八届五中全会将绿色发展与创新、协调、开放、共享等共同构成了新发展理念，绿色发展理念将会是新时代我国各方面发展的主导理念。当前，作为国际与国内经济与社会发展的主流意识形态，绿色发展理念在国内学界、实务界与民众中已经实现了广泛共识，节约环保、低碳排放的绿色消费及生活方式已经逐渐成为公众自觉的公序良俗，为绿色税收制度供给提供了良好的意识形态氛围。

四、绿色税收征收管理机制

税收征管是指税务机关依据相关税法的规定，对税收征纳工作进行管理、征收及检查的活动总称。作为税务管理的中心环节，是以提高税收征管质量与效率为目标，将潜在的税源变为现实税收收入的实现方式，以及引导、监督纳税人进行依法纳税并提供纳税服务的基础性工作。

当前，我国税收征管的主要税法及政策依据为《税收征收管理法》《税收征收管理法实施细则》以及中共中央办公厅、国务院办公厅印发《关于进一步深化税收征管改革的意见》。其中，现行的《税收征收管理法》为2015版，之前共对1992年版进行了三次修正。我国的税收征管立法可追溯到1985年5月，全国召开第一次税收征收管理工作会议开启了税收征管立法序幕，次年国务院发布了《税收征管暂行条例》初步建立了税收征管制度，直到1992年9月，第七届全国人大常委会第二十七次会议通过了《税收征收管理法》，才有第一部税收征管领域的税收程序法。其后分别于1995年对明确发票印制的管理机关、2013年对简化纳税人办理纳税流程及2015年对简化纳税人的减税与免税申请等内容进行了三次修正。需要指出的是，2001年4月，为加大对纳税人权利的保护力度，第九届全国人大常委会第二十一次会议对其进行大幅度的完善，并以出台新法的形式进行了修订。现行《税收征收管理法实施细则》为2016版，亦对2013年版修订过三次，二者构成了我国税收征管工作的法律法规来源。2018年7月，中共中央办公厅、国务院办公厅印发了《国税地税征管体制改革方案》，其中提出要对国税地税征管体制进行改革，实务届与学界对税收征管体制的研究逐步增加。自《税收征收管理法》实施以来，逐步形成了税收征管法律体系，在保障税收收入实现稳定增长的同时，对我国实现税收征管领域的法治化、规范化与信息化进程提供了法律保障与制度支持。

近年来，云计算、大数据等数字科技的广泛应用，使得税收征管数字化成为国际税收征管变革的新趋势。我国税制改革的深化，要求税收征管机制实现同步优化，为顺应国际税收征管变革形势，提升征管效率与服务质量，及时出台了《关于进一步深化税收征管改革的意见》，对我国"十四五"期间及今后全面推行智慧税务、提升税收征管质效意义深远，也为绿色税收的征收管理机制转型升级提供了政策保障。

绿色税收制度作为近年来的新兴事物，尤其是以《环境保护税法》的正式实施为标志，其自身的绿色属性及税制构成要素较为特殊，对税收征管的技术性与专业性要求比较高，传统的征收方式已经很难满足绿色税收征管需求。比如，环境保护税中对各类污染物的排放量测量，以及对具体数值的查验与核对，都需要应用数字技术进行收集、存储与分析。环境保护法首创了"企业申报、税务征收、环保监测、信息共享"的税收征管模式，从实践效果看仍有较大完善空间。故此，现实具体的税务征收管理过程中，绿色税收征管机制在顺应新时代征管趋势的同时，更要适时针对具体税务实践作出及时调整。

第二节 绿色税收制度供给存在的问题

由前文可知，我国现行绿色税收制度中各绿色税种的税收收入占比普遍偏低，且部分税种呈现继续下滑之态势，尤其是法定绿色税种——环境保护税的占比更低。如此现状，不仅无法与国外发达国家的绿色税种收入占比相提并论，更无法匹配国内税制改革与绿色发展的现实需求。有鉴于此，必须对绿色税收制度供给之问题进行检视，为寻求破解之道找寻症结所在。

一、绿色主体税种有待深化

（一）环境保护税

环境保护税作为法定的专业性绿色税种，从实际征收情况来看，其象征性的绿色税收导向意义大于实际财政收入成效，其所占税收总收入的比例最低且呈现出下降趋势。何以至此，究其原因在于其税种设定标准较低，本质上未脱离排污费的制度范畴，与法定绿色税种的立法定位差距较大。具体而言，主要存在以下几个方面的问题。

1. 征税范围不明确且狭窄

纳税人方面不明确。《环境保护法》第二条界定纳税人时，对直接排放的市场主体作出规定，同时，又通过第四条对不属于直接排放纳税人的行为进行了补充，如此规定造成了对市场主体进行自行环保排放也要纳税的漏洞。同时，对建筑施工扬尘的纳税主体尚有争议，实践中存在是针对建设单位纳税还是施工单位纳税的矛盾。

征税对象方面范围狭窄。作为排污费的改革升级，对环境保护税的征收范围进行了选择性的平移，对原本属于排污费征收范围的挥发性有机物（VOCs）、建筑噪声未予承继，也没有将固体废物的处置行为纳入征收范围，对学术界争议较大的诸如光污染、飞行器噪声污染等也未有规定，仅对污染物的排放环节征税。

2. 税率水平及其浮动设置有待调整

环境保护税的税率水平决定了市场主体耗费环境资源的社会成本，税率高则成本高，必然促使其进行环保升级。我国现行环境保护税税率较低，其绿色税收占比与税收总收入占比较小，并未有效解决排污费制度时期存在的征收标准低之问题。同时，立法对大气及水污染物的浮动税率授权给省级地方政府，从近4年各地的实际征收情况看，各地主要针对本辖区内的经济发展水平予以核准，相比之下对污染物排放现状等因素则次之，因此容易造成税收洼地。

3. 税收优惠政策亟待优化与细化

《环境保护税法》第十二条第一款中，对污水集中处理场所不超过国家和地方规定的排放标准的暂予免征。该优惠规定在实践中会对水污染管控造成不良影响，亦有造成逆向调节的风险。同时现行优惠政策虽然对征管提供了便利，但是不利于对市场主体的减排降耗提供优惠政策激励，仅有的两档优惠税率难以有效实现对排污主体的激励效应。

4. 污染物测度及税额征纳方法有待改进

环境保护税对污染物排放量的监测计量技术性与专业性要求较高，现有测量方法及执法力量难以匹配，无法保证申报数据的真实性与及时性，直接影响了环境保护税的征收实效性与权威性。同时，对固体废物、噪声及水污染的概括式计征方法有违公平理念，无法真实体现污染物的环境成本，也容易造成税负的地域性差异。

5. 税款使用与资金调节机制缺失

环境保护税作为地方性税种，国务院已明确将其全部收入划归地方所有。现实中未有明确规定如何使用，只能参考《中华人民共和国预算法》的规定将其列入一般公共预算进行统筹使用，如此造成财政支出增加以及挪用税款的风险。同时，对于跨区域的环境污染严重的情形，由于缺乏资金调节机制且无专项资金或者环保基金的支撑，造成对生态修复及被害人赔偿主体缺位，进一步加重地方政府的财政支出负担。

（二）资源税

作为主体性绿色税种，资源税为促进市场主体对自然资源进行合理的开发与利用，调节资源级差收入，促进企业公平竞争，均衡中央与地方的税收收入比重，对实现环境保护及维护生态平衡意义重大。鉴于其税制设定的资源利用取向及税收收入实效，资源税对环境保护的绿色税收功效有待深化。

1. 资源本身的定价与出让机制有待厘清

自然资源所有权的国有化属性，决定了最初主要由国有企业开采利用，基本上属于无偿或者费用较低的情况下获取资源开采权，更要为加快工业化进程提供资源支持任务，导致无成本或成本较低获取资源，无法真实反映资源的真实价格。后经改革引入了部分社会主体加入，呈现出行政与市场双轨制的出让模式，但资源开采及利用主体的流转机制缺乏规范，无法有效发挥市场在资源配置中的决定性作用。

2. 征税范围狭窄亟待扩围

现行资源税征收税目仅针对矿产类及盐予以征收，覆盖面窄且规定尚待明确。比如《资源税暂行条例实施细则》中对于未列举的其他非金属矿原矿及其他有色金属矿原矿由各省级地方予以规制，现实中仅有极少省份对相关类别进行开征，对共伴生矿存在普遍性地不予征收之境况。如此，造成国家税收流失的同时，也对税收公平及资源税法的权威性构成挑战。同时，基于碳达峰、碳中和目标要求，作为碳汇最大的森林资源仍未列入征税范围，草原、湿地资源等亟待下一步改革的扩展完善。

3. 资源税改革及法律衔接有待提速与加强

在当前经济发展新常态背景下，资源税改革进展相对缓慢，充分体现了改革审慎性原则与现实难度，却也在一定程度上抑制了资源税对绿色发展的制度贡献力。比如，2016年开始的水资源税改革已有6年之久，相关问题及应对措施相对比较成熟，已经具备了全面推开的条件。资源税全面改革过程中，不可避免地会对现行法律法规形成冲击，因此要做好法律法规的衔接工作。

二、绿色相关税种亟待整合

（一）消费税

由前文图4.5可知，当前消费税收入占比不高，作为一种选择性商品与劳务税种，基本符合调节经济与引导消费的税制职能。近年来对消费税的改革整体波澜不惊，尤其在引导绿色消费领域仍需进一步进行税制完善。

1. 课税范围狭窄且税率偏低

现行税目中近半数与绿色环保相关，但多数污染类消费品尚未纳入，且近年来改革中也没有进行税目新增，消费税在绿色税收收入中占比极低，当前消费税收入超九成以上集中在烟酒、汽车与成品油类税目。税率同比发达国家较低，比如，当前税率最高的含铅汽油按照汇率对比日韩等国差距在两倍以上，实木地板及涂料等税率仅为5%与4%。同时，税目设定相较OECD国家较为粗糙，急需细化，比如对于汽油含铅与无铅仅有两档税率，缺乏对其他环保因素的考量。

2. 税制征收的隐蔽性使其导向作用偏弱

现行消费税仅针对生产环节进行征收，作为一种价内税，消费者所持有的发票采取价税合一方式，产品具体的消费税并未予以单列，导致税负具有隐蔽性，无法直观地体现消费及绿色导向。

（二）城市维护建设税

城市维护建设税作为绿色税种体系中唯一的附加税种，基于其自身专款专用的税种属性，为城市基础设施及公共事业提供稳定的资金支持。现实中虽然实现了法制化，但其附加税性质导致自身具备无法突破的瓶颈。具体而言，主要存在以下几个方面的问题。

1. 附加税性质导致行业及地域税收波动较大

现行城市维护建设税是基于增值税与消费税基础上开征的附加税种，虽然征税范围较广，但自身缺乏独立税基，且基础来源税种具有地域及行业的差异性，导致城市维护建设税在征收过程中不可避免地存在惯性差异，使行业与地区间税收出现有失公平的结果。尤其是地域间差异会导致税收差别较大，经济水平高则税收收入高，城市维护投入高则城市环境好，比较优势明显进而引发地区间形成"马太效应"。

2. 税率低导致税收收入比重与规模小

从税率角度来讲，城市维护建设税的税率是在增值税与消费税的税率基础上，再次按照行政区划进行税率设定，实质上是基于前两者税率的复合型税率，进一步稀释了其税率比重，导致其当前收入难以实现与城市化进程相匹配。

（三）耕地占用税与城镇土地使用税

作为以土地使用为征税对象的资源类绿色税种，耕地占用税与城镇土地使用税二者具有较多共通之处，二者也共同对国内所有类型土地的适用情况进行了汇总纳税，因此，将其存在的问题放在一起进行分析。具体问题如下。

1. 征收范围较窄且存在模糊地带

近年来，伴随房地产行业的起落反复，以及全国各地的新区开发与基建升级，对现有土地资源利用的权属与使用用途进行多次易手变更，但却未能实现对权属信息及变更情况的实时、全面掌握，从侧面也反映了开征房产税的困难。此外，对城乡结合地带或者土地用途发生变更的区域尚未及时完成确权与登记等信息统计工作，导致税收流失的同时，更对土地资源与环境生态造成直接的不利影响。

2. 税率低且计税依据不合理

当前耕地占用税是基于对纳税人实际占用的耕地面积为计税依据，并进行一次性征收，城镇土地使用税则是按照行政区划采用定额税率的方式开征，基本上是按照对土地的占有及使用面积进行的，税率设定较低且僵化不灵活，无法对土地真实价值予以及时反馈并变现。比如，近年来房地产市场的高速发展带动了土地价格飙升，但现有税率使得开发商保有土地的税收成本极低，导致税收流失及土地利用率低下。同时，计税依据尚未按照行业属性进行划分，导致现有模式无法体现税收对不同类别土地及行业的引导效应，亦不能实现在环保领域中对土地用途的分类保护。

（四）车船税

1. 车船税税制定位不清，涉嫌重复征税

车船税作为财产税，其征税依据应该是纳税人所有的车船数量或价格，以排气量征收有违法理，对其税额征纳应该是逐年递减直至取消，每年以相同税率征收显然有违税收原理。同时，以节能环保为定位的税种，由于汽车在购买时已经缴纳了车辆购置税、增值税与消费税等税费，这些已兼具绿色环保税种职能，再以环保名义征收车船税则涉嫌重复征税，不利于税制协调与社会公信力的建立。

2. 车船税计税依据不合理且征收范围较窄

以汽车排气量作为计征依据，既缺乏动力学原理支撑，也无法取得节能减排的实效性。现实的常识表明，排气量大小与污染程度不存在逻辑上的必然关联，而取决于对车辆的使用频次。同时，公务用车数量大，使用频次高，环境污染严重，现行税制并未将公务用车纳入征收范围，这有违公平课税原则，造成税收流失的同时更削弱了车船税的环保功效。

（五）烟叶税

1. 烟叶税实际税负容易转移到种植户

烟草专卖制度导致垄断经营，烟叶的收购与成品烟销售均由烟草部门负责，种植户没有议价权。现实中烟叶税的地方财政收入与烟草公司利益捆绑，现行烟叶收购制度是基于烟草公司利益而设定的，对烟农利益构成实质损害。

2. 烟叶税造成部分地方财政依赖

基于其地方税属性，地方政府为获得稳定收入，对烟叶种植及收购进行行政干预，某些地方采取鼓励种植户加大种植面积并实行地域品牌保护，扰乱烟草行业市场竞争格局且不利于烟草控制，最终导致环境污染与生态破坏的双重负面结果。

三、绿色税收优惠政策需要补强

根据前文所述及现有税制梳理，当前绿色税收制度中税收优惠政策主要集中于增值税与企业所得税两个税种，其余散见于各绿色税种的相关规定，尚未形成税收优惠体系，对环境保护及相关绿色产业的激励作用有待提升。具体言之，主要存在以下几个方面的问题。

（一）理论不足且内容待细化

当前适用的优惠政策皆为应对现实所需，普遍缺乏税制理论的支撑。比如，增值税优惠政策是基于其流转税税制属性，对其中的部分环节进行税率简化或者免除，此举易割裂其流转流程并有违税收中性原则。此外，部分规定缺乏行业实践经验导致无法实施，比如，《企业所得税法》对于因技术进步实现升级换代频率加快，对长期高频度运转的固定资产可享受加速折旧优惠，但现实中环保企业极少达到此要求。同时，企业所得税对于新能源类规定的优惠政策过于原则，亟待细化。

（二）方式单一且缺乏协同

比如，现行企业所得税法对于企业在节能环保领域给予优惠政策，限于在资源综合利用优惠目录内，资源作为主材料的减计收入，三类固定资产投资的10%税额抵免，高新技术企业的15%税率优惠以及"三免三减半"等方式。同时，鉴于优惠政策的制定主体源于国务院多个部委，协调成本高且效率低，易对企业造成额外成本与适用模糊。当前绿色环保领域的优惠政策尚未覆盖企业的购产销全产业链，比如，减计收入及投资抵免的适用主体皆为下游使用目录内产品的企业，对上游生产产品的供给方缺乏优惠支持。

（三）门槛高、优惠范围及力度有限

在对高新技术企业的税率优惠条件中，除满足企业经营范围及资本投入之外，对人员配备及企业营收皆有门槛，其余政策大多在适用条件中设置了年限、资格条件等要求，门槛较高且附有退出限制条款。减计收入与三类固定资产投资皆限于目录规定，"三免三减半"只针对企业从事环境保护与节能

节水项目的所得，造成使用范围狭窄且时效性差，使企业丧失自主性与自主选择权。现有优惠税率力度基本上维持在10%与15%两档，对企业的整体环保及技术革新投入激励有限，且规定出现情势变更后停止享受并补缴已经抵扣的税款，彰显出优惠政策的功利性与经济利益导向。

四、非正式规则有待提升

当前，鉴于国际形势与国内发展需求，绿色环保理念与绿色发展理念作为新时代经济社会发展的指导性理念业已达成共识。尽管如此，现实中囿于经济发展水平抑或自身认知层次与利益诉求差异等主客观因素影响，新时代市场主体的绿色环保与发展理念培养仍待提升。

（一）社会整体的绿色环保与发展理念有待提高

企业、社会组织与个人基于理性经济人的先天属性，在生态环保领域一直秉承人类中心主义的环境伦理观，无法有效均衡资源有限合理利用与实现人的全面发展之间的关系。尤其体现在经济发展领域，认为万物皆为手段或资源，利用自然资源实现经济高速发展以提升治理能力，先污染后治理的环保观念与习惯造成绿色税收制度的非正式规则先天不足。

（二）区域间及代际间差异明显

经济基础决定上层建筑。基于各地经济发展水平与所处环境差异，经济发达地区财政投入与环保宣传教育资源比较优势明显，绿色环保与发展理念认知度普遍较高。比较而言，中西部地区存有明显差距，在环境保护与经济增长之间倾向于后者居多。人口代际之间对环境问题的价值取向差异明显。当代人对环境问题较为关注且敏感，展现出追求高质量生活方式的环保需求，以当代大学生群体为典型，他们多数具有较强的环保意识和较高的责任感，能够接受环保类宣传教育，律己性强于律他性，但也呈现较强的依赖性，主动投身于环保事业或相关活动的积极性有待提升。

（三）公众主动参与度低且环保教育滞后

公众环保知行不一，其认知深度、广度与精准度皆有待提升。实践中，公众参与环保活动多数以被动的任务式等形式化方式开展，积极性主动性与能动性亟待提升。绿色基础教育与专业技能教育缺失，对公职人员与居民再教育不足，财政投入、内容形式与宣传平台较少，社会绿色公益组织自身发展与社会作用有待加强，绿色教育体系亟待构建与完善。

五、绿色税收征管机制需要加强

现行绿色税收征管机制作为绿色税收制度的重要组成部分，对实现绿色税收领域的税收收入及推进税制绿化改革至关重要。近年来，绿色税收征管机制一直处于稳步完善与优化进程中，但面对新时代数字化税务需求以及绿色税收领域的行业特殊性，其自身存在的问题亦亟待完善。

（一）制度层面：法制体系难以匹配现实所需

当前，我国税收法制化建设进展较快，实体法中以单行税法为基础加上相关的法规规章及政策为配套的税法体系基本建立。程序法领域除了《税收征收管理法》外，其余多为较低位阶的规章制度，缺乏适度的程序法协同，使得税收征管本身负荷较重，面对新形势、新问题时调整成本较高。具体的绿色税种法制与征管程序法之间的法制协作尚待建立，表现在《税收征收管理法》中对税收征管协作制度缺乏规制，而更多的是在各个税种法中予以规定。比如，《环境保护法》第十四条及第十五条对构建执法协作平台作出了规定，但具体的程序与责任配备缺失。如此，导致税务部门在具体征管实务中难以对协作制度提供具体的法律支持，下位法及地方性制度规范缺乏上位法的统领而呈现分散性。同时，税收征管监管制度尚未统一，在现有税收征管信息系统的实际运行中，其利用情况尚未达到预期，与征管工作相关的政策细化有待加强。

（二）主体方面：征纳各方及主管部门之间缺乏有效互动

绿色税收征管过程中，征纳双方的信息存在不对称且处于天然的博弈对立面。如此，不仅会降低征收效率增加征税成本，更会直接影响绿色税收征管质效，造成税款流失。以环境保护税征收为例，主要体现在对申报税源信息的核实存在较大难度，且环境保护税的四类征收对象中本身核定难度大、专业性要求高，由于生产排污企业基于逃避监管，会采取各种隐蔽手段予以规避，现实中执法监督的力量配备与专业水平难以实现有效匹配。同时，征管部门之间协作配合机制比较薄弱，导致征收管理部门之间衔接不畅，比如，耕地占用税征收中未对相关部门具体的征收流程与职责界限进行详尽规定。《环境保护税法》第二十条规定，税务机关发现纳税人申报数据异常或未按规定期限纳税的，可以提请环保部门予以复核。但是具体适用范围及协作程序、纠纷解决与救济等环节均缺少法律的明确规定，实践中易产生寻租空间与执行缺位。

（三）技术层面：征管信息化水平有待提升

首先，税源监控环节未能实现对环境污染企业的全覆盖，造成税源监测环节的数据缺失，不能为税务及环保部门提供及时全面的数据支持，无法通过大数据信息处理及时实现对环境风险进行预警，也无法对环保数据及环境影响作出动态的分析。其次，绿色税收征管信息化利用率低，缺乏数据关联，国税与地税机构改革合并以来，在税务系统内部仍然存在对税务信息共享程度较低等情况，尚未实现绿色税收数据的收集与共享的同步协同，同时，对于税务管理环节中与海关、银行等部门更是缺乏信息互联互通的共享机制与平台，无法发挥大数据的量化分析优势与高效处理能力，造成税收征管效率较低。比如，环境保护税中申报信息比对环节至关重要，但是现实中环保部门所获得的主要是针对重点污染企业的数据，造成技术资源浪费且无法满足征管所需。此外，在税收征管实践操作环节，环保部门与税务部门涉税信息共享平台与技术支持较弱，难免存在数据传输风险漏洞，造成安全隐患。

六、碳税缺失

碳税（Carbon Tax）作为针对二氧化碳等温室气体排放进行征收的绿色税种，主要是通过对化石燃料的碳排放量进行征纳，采用庇古税的方式增加高碳排放量燃料的使用成本，进而减少温室气体排放量，实现碳达峰与碳中和。近年来，地球温室效应逐步显现，国外许多国家已开征碳税并衍生出征收碳关税的趋势。国内双碳目标的提出对征收碳税已经做好了舆论准备，仅在制度设计层面尚需探讨，客观上造成了作为绿色税种的碳税缺失有待及时补足。国际征收模式主要有两种，一种是单独开征独立的碳税，一种是将碳税与现有能源税、石油税等绿色税种混合征收。我国是独立开征还是作为环境保护税子税目开征尚待明确。

当前，国际社会对抑制碳排放领域采取的有效应对措施主要是碳税与碳排放权交易制度。前者基于庇古税原理主要由芬兰、丹麦等北欧国家积极采用，后者基于新制度经济学的产权理论主要由美国、澳大利亚等国家具体适用并完善，实践证明两者对实现碳减排成效明显且各有利弊。"十二五"期间，我国已在北京、上海等7个省市开展了碳排放权交易试点，切实减轻了二氧化碳排放，随后于2017年开始在全国范围内启动碳排放权交易市场。碳排放交易制度的优势在于可以实现碳排放总量的可控与量化，通过二级市场实现排放权的自由交易，劣势在于构建成本较高、参与主体有限及市场可预期性存在模糊。碳税制度在我国尚未实行，其节能减排职能主要由现行的绿色税种，诸如资源税、消费税、车船税与车辆购置税等，以及增值税、企业所得税等税收优惠政策予以实现，导致与碳达峰、碳中和目标缺乏专业的绿色税种供给。

第三节　小结

本章通过对绿色税收制度供给的现状及问题进行梳理，基于绿色税收制度的构成要素，对绿色税种体系及其优惠政策、非正式规则及其征管机制等内容进行了全面分析，全景式地呈现了当前我国绿色税收制度的供给现状与问题所在。发现现有绿色税种体系普遍存在征收范围窄、税基小且税率较低的问题，税种之间的协调及合力亟待提升，绿色税收优惠政策的覆盖面小且分散，绿色环保与绿色发展理念仍有待深化，征收管理机制规范化与信息化建设有待加强，碳税制度供给仍存空白。针对以上问题，需要进行实证检验予以呼应，更需要对现有绿色税收制度供给作出进一步的完善。

第五章 绿色税收对环境治理的影响分析

绿色税收作为政府应对资源与环境问题的有效经济手段，通过对污染主体进行税务征收，进而实现环境污染与生态破坏问题负外部性的内部转化，为政府提供公共物品筹集资金的同时，实现环保与经济的双重红利。科学评估现行绿色税收体系的环境效应，弄清不同绿色税种的特征和作用效果，是进一步优化绿色税收制度的基础性工作。本章从节能降耗和降低污染排放量两个方面分析绿色税收对环境保护的影响，基于2001—2019年我国30个省（市、自治区）的数据构建动态面板模型，并运用系统广义矩估计方法得到模型估计结果进行实证分析。

第一节 综合污染排放指数

绿色税收对造成环境污染的市场主体进行征税，即政府通过经济手段介入，对污染者征收相当于最优活动水平时的边际外部成本，以实现社会资源的优化配置，用税收来弥补污染主体私人成本和社会成本的差距。由于环境污染的主要组成部分是工业污染物排放，和居民消费所导致的生活污染相比，绿色税收与工业污染关系的关联度更高。目前，我国绿色税收主体税种是以企业为纳税人，因此本书考量的环境污染指标以工业"三废"，即工业废水排放量、工业废气排放量和工业固体废弃物排放量为主。

分析绿色税收对环境影响的一项基础工作就是对各省市的环境污染水平进行全面合理的测度。在以往的文献中，针对税收对环境影响的实证分析、环境库兹涅茨曲线的研究，多数学者仅选择某一特定污染物，如二氧化硫排放量[52, 121]作为反映该区域环境污染水平的指标，代表性不足，不能全面反映某一区域的污染程度；还有一些学者将环境污染分割成工业废水、工业废气、工业固体废物排放这三部分内容分别进行研究[67, 122-125]，研究的也只是税收对单独某一种污染减排的效应，并非整体环境的污染减排效应。

鉴于简单的单指标测度方法可能会导致效果分析的偏差，本书考虑多个环境污染水平的影响因素，并采用熵值法对环境污染水平进行系统测算得到综合污染排放指数，从整体上考察我国绿色税收的污染减排效应，从而为我国绿色税收体制的完善提供经验依据。

一、指标选取及说明

本书在借鉴前人研究的基础上，分别从工业废水排放、工业废气排放、工业固体污染物排放中选取6个最具代表性的污染物指标：工业化学需氧量（COD）排放量、工业氨氮排放量、工业二氧化硫排放量、工业烟粉尘排放量以及一般工业固体废物产生量、工业危险废物产生量作为一级指标来构建综合污染排放指数。各指标具体说明见表5.1。

本书选取了2001—2019年除港、澳、台、西藏外的30个省（市、自治区）的面板数据进行综合污染排放指标测算（西藏自治区由于部分年份数据缺失较多而除外）。所有数据全部摘自《中国环境统计年鉴》《中国环境年鉴》，其中工业废气中烟尘、粉尘颗粒物排放情况（SD），2001—2010年是相关年鉴中工业烟尘排放量、工业粉尘排放量数据的加总，2011—2017年为相关年鉴中工业烟（粉）尘排放量数据，2018—2019年选用了年鉴中颗粒物排放量数据。

表5.1　综合污染排放一级指标说明

变量名	含义	单位	指标所反映的内容
COD	工业废水中化学需氧量排放量	吨	反映了水污染中两种代表性污染物的工业排放情况
AN	工业废水中氨氮排放量	吨	
SO$_2$	工业废气中二氧化硫排放量	吨	反映了大气污染中两种代表性污染物的工业排放情况
SD	工业废气中烟尘、粉尘颗粒物排放情况	吨	
GW	一般工业固体废物产生量	万吨	反映了固体废物污染中两种代表性污染物的工业产生情况
HW	工业危险废物产生量	万吨	

图5.1为2001—2019年根据全国30个省（市、自治区）环境污染中6种主要污染物排放/产生量数据绘制的箱线图，从图中可以看出同一省份不同的污染物指标变动情况并不相同。例如，废水中COD排放极差最大的为广西，并且排放最大值也在广西，说明2001—2019年间广西相较于其他29个省（市、自治区）COD排放量变动最大，这也和当地制糖行业、林浆纸工业的发展密切相关，制糖业废蜜糖及废液、造纸工业废水是该省废水中COD含量较高的主要原因。而工业危险废物产生量极差最大的为山东，危废中以废酸、氰化尾渣等为主，这和该省以冶金、化工等支柱产业为主的工业体系发展现状及近年来绿色税收征缴、环保投资力度加大密不可分。

不同的地区工业体系发展情况不同、主要支柱产业不同，因此工业生产过程中造成的环境污染是有差异的，如果以单一指标衡量不同地区的环境污染情况，并不能全面测度该地的环境污染，通过多种不同的污染物排放、产生数据进行综合污染排放测度是必要的。

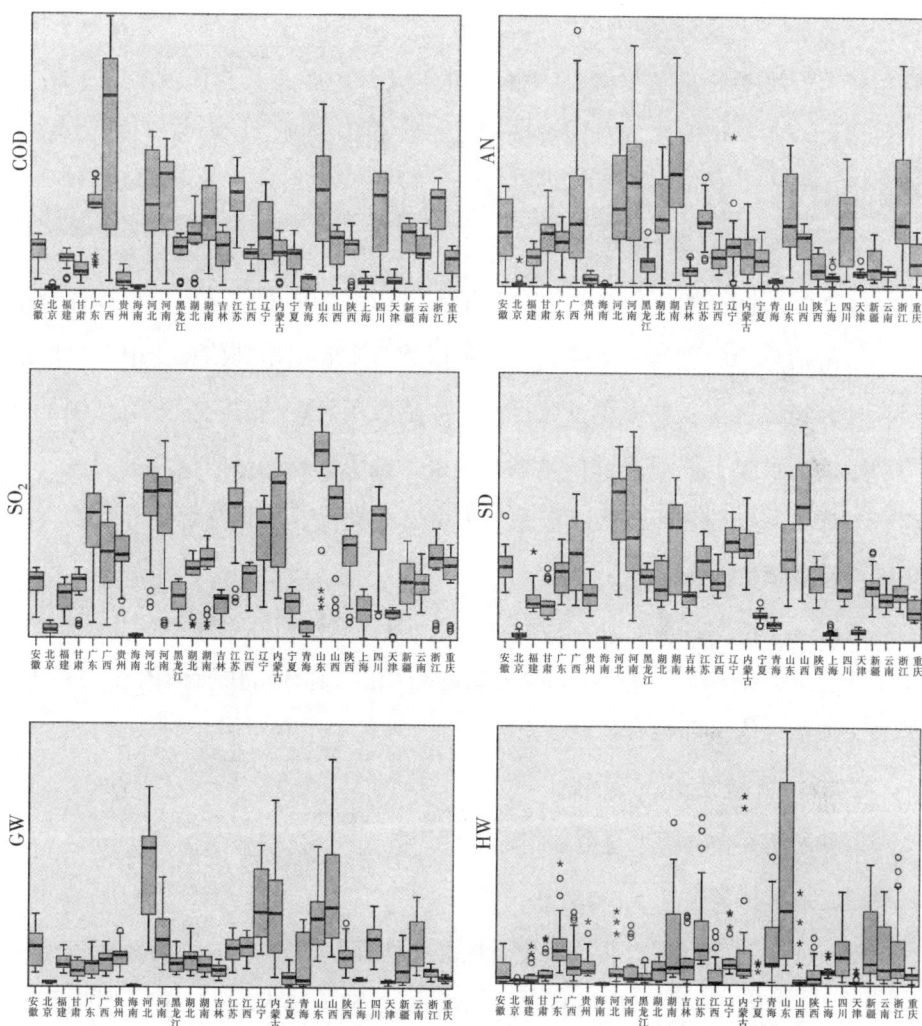

图5.1　全国30个省（市、自治区）6种主要污染物箱线图（2001—2019年）

二、指标权重确定

将单一的指标合成一个综合指数，需要对指标进行赋权后求和。在综合评价领域，赋权方法主要有三大类：主观定权法、客观定权法和组合定权法。主观定权法是指相关专家学者通过经验并结合实际情况，按照指标重要性不同赋予不同的权重系数，包括层次分析法、德尔菲法等。客观定权法是依据数据本身的特点对指标进行赋权，不借助数据以外的信息。客观定权法主要包括熵值法、主成分分析法、变异系数法、粗糙集等，由于不受人为干扰，应用较广。本书收集了30个省（市、自治区）19年来共570条数据记录，6个排污指标变异情况不同，因此选用基于数据特征确定权重的熵值法对6个指标进行综合。

（一）熵值法基本原理

熵（Entropy）的概念最先由物理学家克劳修斯提出，是一种物理计量单位，后由信息论的创始人克劳德·艾尔伍德·香农引申到信息论中，目前已经在社会经济、工程技术等领域得到了广泛应用。在信息论中，信息熵是对不确定性的度量，一般来说信息熵 E_j 越小，说明数据携带的信息量越多，在综合测评中起到的作用越大。熵值法的基本思路就是根据指标变异性的大小来进行客观赋权。

设有 m 个待测评对象，n 项测度指标，形成原始指标矩阵 $A=(x_{ij})n \times m$，对于某指标 X_j，指标值的差距越大，则该指标在综合评价中所起的作用越大；如果某项指标值全部相等，则该指标在综合评价中不起作用。

（二）熵值法计算过程

已知数据矩阵 A 为综合测评指标取值矩阵，一共有 X_1，X_2，X_3，$\cdots$，X_m 共 m 项测度指标，其中 $X_i = \{ x_1, x_2, \cdots, x_n \}$。

第一步，对数据进行非负数化及标准化处理。

由于不同的指标方向不同，有一些指标是取值越大越好，有一些是取值越小越好，所以首先需要对指标的方向进行统一，即进行非负化处理。本书所选的排污指标取值越小对环境污染贡献越小，均为同一方向，所以不涉及非负化处理，下文仅对标准化进行介绍。此外，为了避免标准化后个别数值为0，求熵值过程中取对数的无意义，标准化后值为0的数据加了0.00001。

假设各指标进行标准化后为 Y_1，Y_2，Y_3，$\cdots$，Y_m，那么指标取值 y_{ij} 的计算公式如下：

$$y_{ij} = \frac{x_{ij} - \min\left(x_{1j}, x_{2j}, \cdots, x_{nj}\right)}{\max\left(x_j x_{1j}, x_{2j}, \cdots, x_{nj}\right) - \min\left(x_{1j}, x_{2j}, \cdots, x_{nj}\right)} \tag{5.1}$$

第二步，计算第 j 项指标的信息熵，公式如下：

$$E_j = -\ln(n)^{-1} \sum_{i=1}^{n} p_{ij} \ln(p_{ij}) \tag{5.2}$$

其中，$p_{ij} = \dfrac{y_{ij}}{\sum\limits_{i=1}^{n} y_{ij}}$ 计算第 j 项指标下第 i 个方案占该指标的比重，如果 $p_{ij} = 0$，则定义 $\lim\limits_{p_{ij} \to 0} p_{ij} \ln(p_{ij}) = 0$。计算出各个指标的信息熵为 E_1，E_2，$\cdots$，E_j，所得 E_j 取值范围在 0 和 1 之间。

第三步，计算信息效用值。

一个指标的信息效用值越大，已有信息量越多，对方案评价的作用越大，权重也就越大，所以指标的信息效用值直接影响权重的大小。根据熵的计算公式，指标值的差异越大熵值就越小，所以信息效用值 D_j 计算公式如下：

$$D_j = 1 - E_j \tag{5.3}$$

第四步，根据信息效用值确定各指标权重。

将信息效用指标进行归一化处理，就可以得到第 j 项指标的熵权值 W_j，指标值的差异越大，根据熵值法确定的权重越大，计算公式如下：

$$W_j = \frac{D_j}{\sum\limits_{j=1}^{m} D_j} \tag{5.4}$$

第五步，计算各评测对象的综合得分，公式如下：

$$A_i = \sum_{j=1}^{m} W_j \times y_{ij} \ (i = 1, 2, \cdots n) \tag{5.5}$$

三、综合污染排放指数测算

根据熵值法原理及计算过程，对 30 个省（市、自治区）2001—2019 年的主要污染指标权重进行了计算，熵值法计算权重结果见表 5.2。

表5.2　熵值法权重计算结果

污染指标	信息熵值 （E_j）	信息效用值（D_j）	权重系数（W_j）
COD	0.9364	0.0636	15.64%
AN	0.9225	0.0775	19.07%
SO$_2$	0.9556	0.0444	10.91%
SD	0.9560	0.0440	10.83%
GW	0.9338	0.0662	16.28%
HW	0.8891	0.1109	27.27%

使用熵值法对COD等6项污染指标进行权重计算，从表5.2可以看出：工业废水中主要污染物COD的权重为0.156、氨氮的权重为0.191，工业废气中主要污染物SO$_2$的权重为0.109、烟尘的权重为0.108，工业废固中一般固体废物产生量的权重为0.163，危废产生量的权重值为0.273，并且各指标间的权重相对较为均匀。

运用表5.2中的权重对30个省（市、自治区）标准化后的6个污染指标进行综合测算。为了便于比较，将结果放大10000倍，部分省份的测算结果见表5.3。

表5.3　综合污染排放指标测算结果

年份	北京	山西	黑龙江	浙江	安徽	山东	广西	宁夏
2001	454.27	2438.51	1010.51	3039.07	1857.05	4058.32	3316.44	716.65
2002	280.75	2476.85	1021.19	2759.69	1599.43	3983.77	3222.27	684.91
2003	206.88	2754.17	1102.91	2774.98	1763.98	4010.78	3925.19	850.64
2004	220.33	2885.81	1115.37	2674.23	1740.97	3703.41	4970.45	528.95

年份	北京	山西	黑龙江	浙江	安徽	山东	广西	宁夏
2005	219.86	3066.22	1529.38	2638.81	1896.16	4077.76	5043.85	993.17
2006	193.81	2976.86	1490.08	2548.43	2006.40	3837.74	4168.96	804.51
2007	182.26	2859.40	1469.03	2404.23	1884.82	3548.62	3531.20	728.40
2008	141.44	2559.44	1509.26	2149.75	1726.12	3464.68	3206.05	690.05
2009	144.25	2403.37	1229.08	1992.16	1717.31	3313.56	2855.48	647.77
2010	141.65	2616.04	1180.23	1968.12	1626.45	3699.63	2870.01	839.46
2011	143.39	2922.69	1218.69	1814.03	1514.84	5358.50	1517.08	1064.30
2012	141.88	2826.38	1219.01	1720.68	1450.91	4853.12	1674.39	988.36
2013	131.14	2765.53	1234.57	1744.13	1493.18	3894.70	1586.35	1000.78
2014	124.30	2851.95	1249.30	1881.17	1671.96	4729.57	1651.21	966.42
2015	93.10	2707.24	1152.88	1902.59	1644.88	4678.47	1506.11	832.03
2016	77.23	2115.71	878.07	1773.35	1739.13	3116.02	1291.83	618.54
2017	71.23	2155.77	849.89	1671.33	1341.81	3786.45	1297.76	660.64
2018	72.62	2635.83	965.15	1792.69	1361.36	3810.35	1418.86	671.52
2019	88.28	2983.81	869.69	1903.44	1502.12	4257.08	1492.94	689.20

　　将30个省（市、自治区）按照东部地区、中部地区、西部地区、东北地区划分成4个区，绘制2001—2019年间综合污染排放指标折线图，见图5.2。

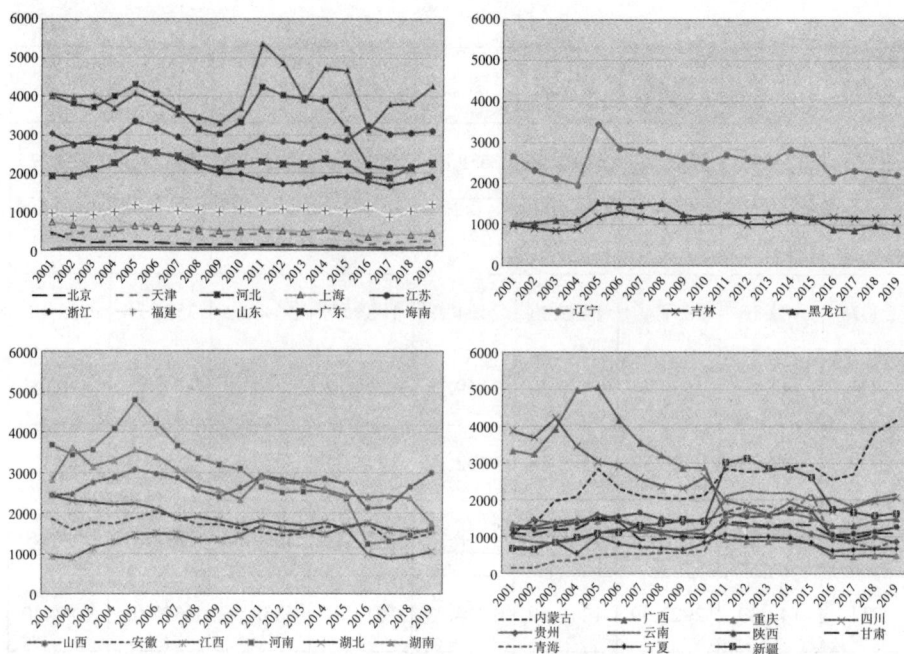

图5.2　2001—2019年综合污染排放指标折线图

结合图5.2呈现的污染指标随时间变化的情况和表5.3所示的数据，可以看出大部分的省（市、自治区）污染物排放情况在逐年改善，但也有个别省份出现了明显的波动趋势，比如内蒙古、山东、山西等，内在原因还需要结合当地工业发展体系、绿色税收效应、环保治理投入等具体因素进行详尽分析。

第二节　绿色税收对污染减排的效应分析

从目前的研究看，关于绿色税收效应的研究大部分局限在使用一般均衡模型（CGE）、动态可计算一般均衡模型（DCGE），且分析多是针对污染减排和节能降耗某一方面的实证研究，研究视角相对单一。一般均衡模型可以对经济环境进行系统建模，更侧重于模拟政策实施的预期效果。环境保护效果实际上需要考察的影响因素较多，相较于模拟方法，运用计量经济学方法进行建模分析，能够更加直接地测度绿色税收的实施效果，为我国绿色税费改革提供经验依据。

一、模型的设定

在研究环境资源影响的文献中经常会用到 IPAT 方程[54, 126]，I 一般表示对环境的冲击，IPAT 方程把影响环境的因素分解为人口（P）、财富（A）和技术（T）[127]，IPAT 方程一般形式见式 5.6。另外，还有很多学者运用环境库兹涅茨曲线（EKC）对环境、经济之间的相互影响进行实证检验[51-52, 54, 123, 128]，EKC 是格罗斯曼（1995）通过对环境污染指标和人均收入指标之间的变动趋势分析得出的环境污染程度与经济发展水平演替关系的计量模型[129]。但是由于不同样本的异质性，学者们对于环境库兹涅茨曲线的倒 U 型假说是否成立仍然存在一些分歧，所以本书仅基于 IPAT 方程对现行的绿色税收政策带来的环境效应进行评价分析。

$$I = P \times A \times T \qquad\qquad (5.6)$$

为了下文的回归分析，对式 5.6 取对数，可得：

$$\ln I = \ln P + \ln A + \ln T \qquad\qquad (5.7)$$

为了研究绿色税收对环境带来的污染减排效应，在式 5.7 的基础上加入了绿色税收作为解释变量，建立了绿色税收和综合污染排放水平之间的回归模型，见式 5.8。

$$\ln E_{it} = \beta_1 + \beta_2 GT_{it} + \beta_3 \ln E_{it-1} + \gamma v_{it} + \varepsilon_{it} \qquad\qquad (5.8)$$

式 5.7 中的环境冲击 I 本书用 5.1 节中的综合污染排放指标 E_{it} 表示；E_{it-1} 为综合污染排放指标的滞后一期；GT_{it} 为绿色税收；v_{it} 表示其他与环境相关的控制变量，包括人口因素、技术水平、产业结构、工业污染治理投资强度等；ε_{it} 表示随机扰动项。

二、变量选取及数据说明

基于前文对绿色税收概念的广义界定，本书所界定的绿色税收不仅包括环境保护税，还包括资源税、消费税、城市维护建设税、耕地占用税、城镇土地使用税、车辆购置税、车船税、烟叶税等8种绿色税种，以及在税收优惠政策上对节能降耗、污染减排等方面做出相关规定的其他税种。因此，本书的绿色税收 GT 为上述9种税种加总。

在式5.8中其他与污染减排有关的控制变量，包括人口因素、技术水平、产业结构、工业污染治理投资强度等，具体选择的变量及描述性统计分析结果见表5.4和表5.5。

表5.4　污染减排效应模型变量说明

变量类型	变量名	含义	理论依据
因变量	E	综合污染排放指数	反映了各省的综合污染排放水平
自变量	GT	环境保护税等9个税种征收合计	反映了各省的绿色税收水平
控制变量	P	地区年末人口数	反映了各省的人口密度
	R	科学技术支出占地方财政支出的比重	间接反映各省的科技创新水平
	I	工业增加值占地区生产总值的比重	反映了各省的产业结构
	M	工业污染治理投资额占工业增加值的比重	反映了各省的治污投资强度

选取了2001—2019年除港、澳、台、西藏外的30个省（市、自治区）的面板数据（西藏自治区由于部分年份数据缺失较多而除外）。除本章第一节中介绍的数据之外，工业增加值摘自国家统计局网站，其余变量的数据全部摘自《中国统计年鉴》《中国投资领域统计年鉴》《中国税收统计年鉴》。其中2001—2006年科学技术支出数据为各地财政支出中的科技三项费用与科学事业费相加。

表 5.5　污染减排效应模型变量描述性统计

变量名	单位	平均值	标准差	最小值	最大值
E		1742.30	1091.48	52.69	5358.50
GT	亿元	419.5872	468.3868	2.643378	2770.876
P	万人	4444.06	2715.81	523.10	12489.00
R	%	1.86	1.25	0.39	7.20
I	%	36.14	8.50	11.22	57.38
M	%	0.45	0.38	0.02	3.10

在使用面板数据构建动态回归模型的时候，如果时间序列有较多期，需要对各个变量进行平稳性检验。如果变量非平稳却仍然进行回归分析，则可能导致伪回归问题出现，回归结果失真。本节选择的数据样本量为 30 个，时间跨度为 19 年，因此是短面板数据。如果把用于平稳性检验的单位根方法用于短面板，得到的不是有效估计量。因此，学术界普遍认为，即使检验出的结果是平稳的，也可能是一个错误的结果，短面板无需做面板单位根检验。

三、系统广义矩估计

传统的计量经济模型比如普通最小二乘估计（OLS）、广义最小二乘估计（GLS）等，在参数估计时要求满足不存在异方差、序列相关等假设条件；固定效应以及随机效应是概括了没有观测到的、不随时间而变化但影响被解释变量的因素，在检验绿色税收对地方环境保护与经济发展的影响并不适用。广义矩估计（GMM）允许随机误差项存在序列相关和异方差，是一个稳健估计量，也可以有效解决模型解释变量的内生性问题[1]，用广义矩估计得到的参数估计值会比其他估计方法更合理。

目前，学界使用的广义矩估计方法有一阶差分广义矩估计和系统广义矩

---

① 内生变量是指与随机扰动项 ε_{it} 相关的解释变量。

估计。一阶差分广义矩估计（DIF-GMM）以内生变量的滞后阶作为工具变量进行参数估计，仅对差分方程进行估计，但遗憾的是所选的工具变量容易成为弱工具变量，效果不是很理想；系统广义矩估计（Sys-GMM）在构建工具变量时将差分方程（工具变量为变量的滞后阶）和原水平方程（工具变量为差分变量的滞后阶）进行了联立，同时对原水平方程和差分方程进行估计。在有限样本下，与DIF-GMM相比，Sys-GMM利用的样本信息更多，在实证过程中进行参数估计时具有更好的表现，偏差更小。因此，本书采用系统广义矩估计方法进行参数估计，分析绿色税收对地方环境保护与经济发展的双重影响。

在具体分析中，本书依次逐渐添加表5.4中考虑到的控制变量，以便逐步观察各个控制变量对绿色税收与污染减排关联效应的影响。并在系统广义矩估计中加入了所有内生变量的二阶到五阶滞后（若存在）作为工具变量[①]，并且加入了Collapse选项，选取最适合的滞后阶数对工具变量进行了控制，估计结果如表5.6所示。

表5.6　绿色税收污染减排效应的估计结果

变量	模型（1）	模型（2）	模型（3）	模型（4）	模型（5）
L.ln$E$	0.806***	0.791***	0.715***	0.806***	0.859***
	(−55.686)	(−57.304)	(−66.937)	(−38.774)	(−89.916)
lnGT	−0.023***	−0.012***	−0.002	−0.012***	−0.018***
	(−16.030)	(−8.495)	(−0.974)	(−3.535)	(−7.226)
ln$I$		0.263***	0.202***	0.187***	0.183***
		(−29.038)	(−9.553)	(−6.639)	(−8.271)

---

① 工具变量要求与内生解释变量相关，但又不能与被解释变量的扰动项相关，常用滞后变量作为工具变量。

变量	模型（1）	模型（2）	模型（3）	模型（4）	模型（5）
ln$R$			−0.180***	−0.164***	−0.091***
			（−9.400）	（−11.139）	（−12.711）
ln$M$				−0.054***	−0.045***
				（−6.014）	（−5.292）
ln$P$					0.092***
					（−11.123）
_cons	1.503***	0.626***	1.414***	0.806***	−0.303***
	（−13.977）	（−4.942）	（−9.832）	（−5.378）	（−3.065）
AR（1）	0.003	0.003	0.003	0.002	0.002
AR（2）	0.632	0.561	0.517	0.614	0.623
Hansen	0.246	0.415	0.638	0.795	0.94

注：括号内的值为 t 统计量值，***表示估计系数通过显著性水平为 1%的显著性检验。

系统广义矩估计（Sys-GMM）作为一致估计，该方法成立的前提是估计模型中扰动项 ε_{it} 没有自相关，所以需要对扰动项是否存在自相关进行检验。但是检验中即使原假设"扰动项 ε_{it} 不存在自相关"成立，"扰动项 ε_{it} 的一阶差分"仍会存在一阶自相关，但扰动项的差分将不存在二阶或更高阶的自相关。因此，可以通过检验扰动项的差分是否存在一阶与二阶自相关来验证模型中扰动项有无自相关这一假设，即 AR 检验。由表 5.6 可知，表中 5 个模型的扰动项 AR（1）均小于 0.05，AR（2）均大于 0.05，表示各模型的扰动项的差分虽然均存在一阶自相关，但不存在二阶自相关，故接受原假设"扰动项 ε_{it} 无自相关"，可以使用 Sys-GMM 进行估计。另外，由于系统广义矩估计过程中使用了工具变量，需要进行过渡识别检验。本书采用汉森（Hansen）检验，各模型 Hansen 检验值均大于 0.1，表示接受"所有工具变量都有效"的原假设。

从表 5.6 的回归结果看，5 个模型中因变量与其滞后一期值在 1% 的显著性水平上表现出显著的正相关，证实了本书选用动态面板模型是合理的。另一方面，从变量回归系数的符号看，5 个模型中各个变量的系数符号均一致，也证明了模型的稳健性。

四、结果分析

通过对 30 个省（市、自治区）19 年来的面板数据进行分析，由表 5.6 节中的估计结果得到最终模型：

$$\ln E_{it} = -0.303 - 0.018 \ln GT_{it} + 0.859 \ln E_{it-1} + 0.092 \ln P_{it} - 0.091 \ln R_{it} + 0.183 \ln I_{it} - 0.045 \ln M_{it} \tag{5.9}$$

进而可以得到以下结论：

（一）污染排放存在路径依赖效应

5 个模型中综合污染排放指数均与其滞后一期值表现出显著的正相关性，说明污染排放存在着明显的路径依赖效应，当期的环境污染程度受前一期污染程度的影响，即上一期污染排放水平越高，本期也越高，环境污染的治理是一个长期的动态过程。有鉴于此，绿色税收制度供给也要通过稳定的弹性机制，具体通过设定相应的税率区间，污染越高则税率越高，反之亦然，以此匹配环境污染的路径依赖效应，实现有效的同步调整与及时变迁。

（二）绿色税收存在污染减排效应

通过以上模型检验及结果显示，绿色税收与综合污染排放指数呈负相关，除模型 3 外，其余模型均通过了显著性水平检验，这说明绿色税收在一定程度上降低了污染排放量，对污染排放产生了较为显著的遏制作用，验证了绿色税收、污染减排效应的存在性与合理性。一方面，通过绿色税收可以对企业的污染排放起到惩治矫正作用，从外部对其实现环保约束，促使其进行节能降耗；另一方面，以税收法制的形式积极引导绿色生产与消费，可以促进企业主动积极采取清洁生产，从而实现从企业内部及源头上解决污染排放等环保问题，使企业从内外两个范畴考量组织生产的绿色税收成本与环保清洁投入之间的成本收益比较，此为绿色税收所带来的直接绿色环保红利。

（三）科技创新水平对污染减排具有显著的促进作用

模型5.9中科学技术支出投入占财政支出的比值对综合污染指数的贡献为-0.091，这表明一个地区科技投入的力度越大，则越有利于促进其进行污染减排。前文在对国外发达国家的绿色税收制度进行借鉴时，多数国家通过注重对科技创新的研发与专项投入，充分利用高新环保科技在促进企业实现节能降耗的同时，也有助于进行税制绿化与提升税收征管的效率与现代化水平，同时可以将其作为税收优惠政策的适用对象，实现政府与市场主体的多赢局面。李斌（2010）[130]运用1996—2008年中国的省级面板数据也证实了技术进步可以提高能源利用效率。 由此可见，理论研究与国外实践均表明，市场主体加大环保科技投入既可以促进企业本身的绿色创新发展，在提升自身环保科技实力的基础上也迎合了绿色税收制度对环保科技的需求，进而推动环境保护实现多向共赢。

（四）污染排放水平与产业结构密切相关

本书用工业增加值与地区生产总值的比重反映各省的产业结构。从模型中可见，工业增加值与地区生产总值的比重与综合污染排放指数呈显著的正相关关系。一方面，说明了第二产业在产业结构中的占比越重则污染排放程度越严重，另一方面，也证明了由于工业生产带来的环境污染占比是最大的。在税制绿化改革中，要注重对产业结构的区别对待，加大对环境污染严重的相关产业绿色税收的税率设定与征管力度，提高第二产业在工业生产过程中污染排放的环境保护成本支出，在促进其进行节能减排的基础上实现现有产业结构的优化调整。

除此之外，从人口数量的角度来看，各地年末的人口规模与综合污染排放指数呈现出正相关关系。说明某地的人口数量越多对当地综合污染排放指数影响也会越高，即人口密度对环境带来的冲击是负面的，充分说明了人们日常生活中所造成的环境污染与资源浪费等问题同样不可忽视，绿色税收制度供给过程中要注重对居民绿色生活方式的合理引导与规制。同时，工业污染治理投资额占工业增加值的比重与综合污染排放指呈现数负相关，说明了各省对辖区内治污投资强度越大则污染减排的效果会越好。通过对全国进行分区的数据可知，经济较发达的东部地区环保投入较高，综合污染治理的效果相对突出，间接验证了绿色税收制度供给完善程度与经济发展水平及治理能力的正向关系。

第三节　绿色税收对节能降耗的效应分析

"十四五"时期，我国经济由高速发展转变为高质量发展，对外开放面临百年未有之大变局，经济社会的全面绿色转型业已成为新时代发展之必然所需。税制领域的绿色转型作为重要支撑，如何更好地发挥税收促进资源节约的作用，用税收的手段把环境问题内化，构建适应中国特色社会主义新时代需要的绿色税收制度，是当前我国经济转型发展必不可少的一个环节。绿色税收的双重红利理论中第一重红利指保护与改善环境的绿色环保红利，污染减排和节能降耗均属于绿色环保红利。本节继续从节能降耗方面对绿色税收的第一重红利进行实证分析，更加直接地测度绿色税收的实施效果，为我国绿色税制改革提供经验依据。

一、模型的设定

当今世界绿色低碳循环发展成为全球经济发展的主流趋势与导向，自《巴黎协定》签署以来，我国作为负责任大国在节能减排领域对世界作出积极贡献，并已于第七十五届联合国大会上提出，力争二氧化碳排放于2030年前达到峰值，努力争取2060年前实现碳中和的"双碳"目标。当前，我国严格按照税收法定原则，在逐步推进税制法治化的基础上，注重对税制绿化进行改革，在梳理、整合现有绿色税种体系的基础上，积极论证并研究适时开征碳税的可行性，以此进一步完善绿色税收制度供给，构建有力促进绿色低碳发展的绿色税收体系。

国家现在大力推行绿色清洁能源的使用，用太阳能、风能、水能及核能等逐步替代化石燃料等碳基能源，此举并不是一味地遏制现有资源能源消耗。一味遏制反而会抑制相关地域的绿色创新能力，对经济发展产生负面影响。二氧化碳排放包括自然排放和人工排放。人工排放是由于人类活动引起的二氧化碳排放，主要包括化石燃料消耗、生物质燃烧等方式，其中化石燃料消耗所排放的二氧化碳占95%以上[131]。李建（2012）[132]也指出第二产业是影响地区碳排放的主要因素。碳排放量与当地的产业结构、碳基能源消费密不可分。在产业结构偏重的地区，能源消耗与当地的经济发展水平密切相关。

有鉴于此，本书对绿色税收的节能降耗效应分析，选用可以衡量碳基能源消费的碳排放量为主要指标，而不用以往文献中的能源消耗总量指标，节能降耗的衡量仅考量对于非清洁能源的消耗量。

由于节能降耗与污染减排同属于环境问题，因此本节理论模型构建依然基于IPAT方程，并加入绿色税收作为解释变量，将被解释变量换成二氧化碳排放量 C_{it}，建立了绿色税收和能源消耗之间的回归模型，见式5.10。

$$\ln C_{it} = \beta_1 + \beta_2 GT_{it} + \beta_3 \ln C_{it-1} + \gamma v_{it} + \varepsilon_{it} \qquad (5.10)$$

式5.10中的 C_{it} 表示二氧化碳排放量，反映了各省非绿色能源（碳基能源）的消耗水平；C_{it-1} 为二氧化碳排放量的滞后一期；GT_{it} 为绿色税收；v_{it} 表示其他与环境相关的控制变量，包括人口因素、技术水平、产业结构、工业污染治理投资强度等；ε_{it} 表示随机扰动项。

二、变量选取及数据说明

在式5.9中其他与节能降耗有关的控制变量，包括人口因素、技术水平、产业结构、工业污染治理投资强度等。由于模型5.10和模型5.8相比，除了因变量由综合污染排放指数E换为了二氧化碳排放量C，其余主要自变量及控制变量均未改变，所以模型5.10所用的变量说明及描述性统计分析结果同表5.4

和表5.5。在此，仅对替换的变量C进行说明。

本书选取了2000—2019年我国除港、澳、台、西藏外的30个省（市、自治区）二氧化碳排放数据，数据选自中国碳核算数据库（China Emission Accounts and Datasets，CEADs）。中国碳核算数据库由中外多所研究机构的科研人员共同开发，该库所提供的二氧化碳排放量是基于《IPCC国家温室气体清单指南》，并根据中国统计年鉴中的能源消耗数据，通过测算排放因子计算得到[133-135]。

基于所选择的样本信息，2000—2019年30个省（市、自治区）的二氧化碳排放数据共570条记录，测量单位为百万吨，其中最大值937.12百万吨，为2019年山东省的二氧化碳排放量，最小值0.93百万吨，为2001年宁夏回族自治区的排放量，数列平均值为256.7655百万吨，570个数据的标准差为190.5496。由于各省经济发展、产业结构、环境基础不一样，为了分省对比排放情况，将30个省（市、自治区）20年来的二氧化碳排放数据绘制箱线图，（图5.3）。从图中看到河北、江苏、内蒙古、山东的排放量处于高位，但极差也较大，说明2000—2019年这几个省份的二氧化碳排放量变化程度较大。

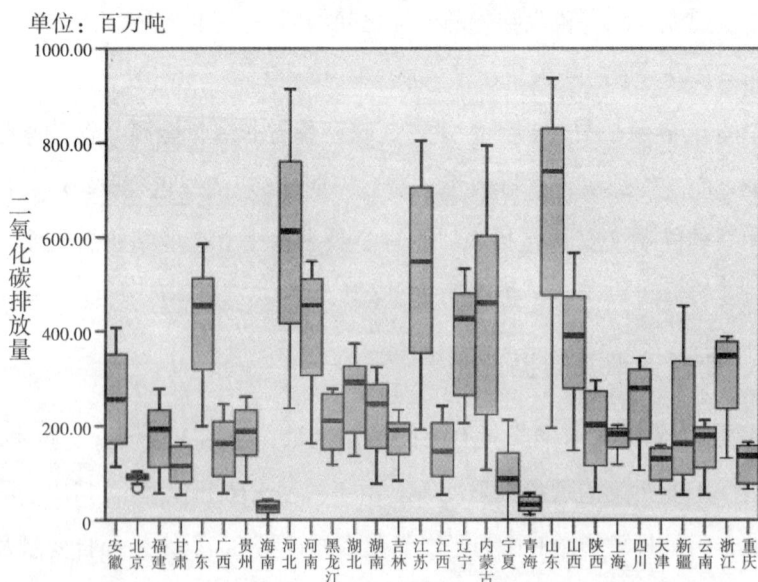

图5.3　二氧化碳排放量箱线图（2000—2019年）

另外，为了探究各省（市、自治区）二氧化碳排放量随时间变化的趋势，将30个省（市、自治区）划分成东部地区、东北地区、中部地区和西部地区并绘制折线图，见图5.4。从图中可见，各省（市、自治区）的二氧化碳排放量均呈现出不同速度的增长趋势，我国各省的二氧化碳排放量还没有达到峰值。

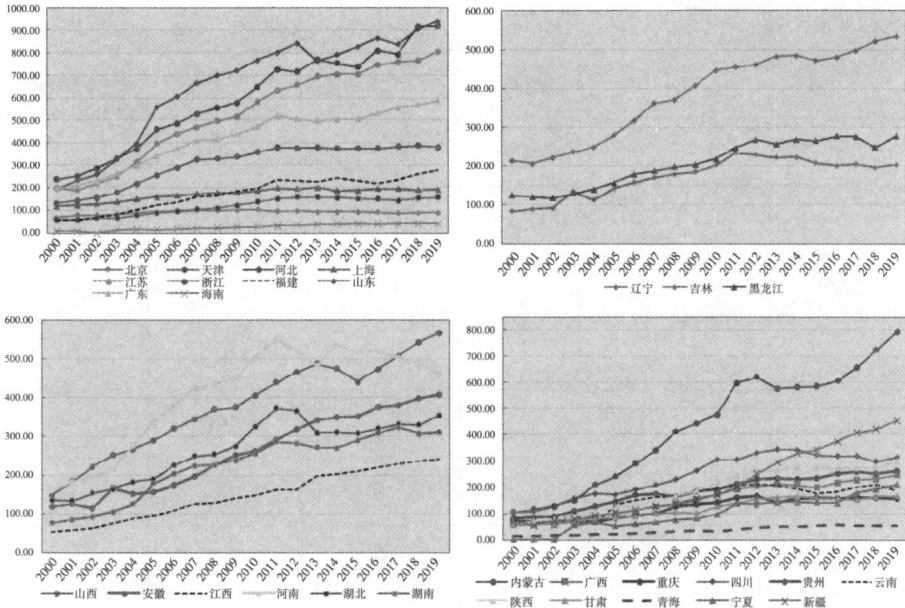

图5.4 二氧化碳排放量折线图（2000—2019年）

三、系统广义矩估计

本节继续采用系统广义矩估计方法（Sys-GMM）进行参数估计，分析绿色税收对各省（市、自治区）二氧化碳排放量的影响。在分析中，依次逐渐添加所考虑到的控制变量，以便逐步观察各个控制变量对绿色税收与节能降耗关联效应的影响。在系统广义矩估计中加入了所有内生变量的二阶到五阶滞后（若存在）作为工具变量，并且加入了Collapse选项选取最适合的滞后阶数对工具变量进行了控制，估计及检验结果如表5.7所示。

表5.7　绿色税收节能降耗效应的估计结果

变量	模型（1）	模型（2）	模型（3）	模型（4）	模型（5）
L.ln$C$	0.299***	0.471***	0.347***	0.385***	0.375***
	（−80.038）	（−50.886）	（−25.213）	（−56.91）	（−34.753）
lnGT	0.231***	0.216***	0.216***	0.209***	0.216***
	（−88.847）	（−47.94）	（−41.253）	（−27.008）	（−17.986）
ln$I$		0.765***	0.501***	0.421***	0.392***
		（−31.734）	（−18.469）	（−11.75）	（−10.381）
ln$P$			0.255***	0.256***	0.286***
			（−20.386）	（−12.714）	（−10.52）
ln$M$				0.059***	0.052***
				（9.200）	（−8.062）
ln$R$					−0.054***
					（−2.861）
_cons	2.456***	−1.074***	−1.572***	−1.398***	−1.502***
	（−89.239）	（−11.775）	（−14.924）	（−8.552）	（−6.781）
AR（1）	0.098	0.112	0.106	0.108	0.101
AR（2）	0.255	0.264	0.251	0.239	0.229
Hansenp	0.308	0.704	0.873	0.967	0.993

　　注：括号内的值为t统计量值，***表示估计系数通过1%、5%、10%的显著性水平检验。

　　对扰动项是否存在自相关进行AR检验，由表5.7可知，5个模型的扰动项

AR（1）、AR（2）均大于0.05，表示各模型的扰动项的差分不存在一阶、二阶自相关，可以使用系统广义矩进行估计。另外，由于系统广义矩估计过程中使用了工具变量，需要进行过渡识别检验，本书采用Hansen检验，各模型Hansen检验值均大于0.1，表示接受"所有工具变量都有效"的原假设。

从表5.7的回归结果看，5个模型中因变量$\ln C$与其滞后一期值$L.\ln C$在1%的显著性水平上表现出显著正相关，证实了研究绿色税收的节能降耗效应选用动态面板模型是合理的。另一方面，从5个模型回归系数的符号看，除常数项外各个变量的系数符号均一致，证明了模型具有稳健性。

四、结果分析

通过对30个省（市、自治区）20年的面板数据进行分析，由估计结果得到最终模型：

$$\ln C_{it} = -1.502 + 0.216 \ln GT_{it} + 0.375 \ln C_{it-1} + 0.286 \ln P_{it} - 0.054 \ln R_{it} + 0.392 \ln I_{it} + 0.052 \ln M_{it} \qquad (5.11)$$

进而可以得到以下结论。

（一）碳基能源消耗存在路径依赖效应

5个模型中二氧化碳排放量均与其滞后一期值表现出显著的正相关性，说明二氧化碳排放存在着明显的路径依赖效应，这与大多数学者的研究相一致[77, 136]。当期的二氧化碳排放量受前一期污染程度的影响，即上一期排放水平越高，本期也越高，节能降耗是一个长期动态的过程。我国资源能源结构历来呈现出碳多油少且分布不均的状况，长期以来以煤炭为主要的生产生活化石燃料资源，且对产业结构产生深远影响，造成碳排放量高且短期内难以实现产业全面转型，造成了碳基能源消耗存在路径依赖效应。

（二）绿色税收节能降耗效应有待提升

基于样本数据的实证结果表明，绿色税收收入和二氧化碳排放量呈现正向相关关系，这就意味着目前我国通过提高绿色税收倒逼降耗作用不明显。一方面，说明我国的绿色税收制度供给有待完善，据前文所呈现的当前我国绿色税收的总税收占比情况可知,绿色税收收入占比较小,其环境保护与资源合理利用作用有待加强。另一方面,表明我国当前应对碳排放的政策缺乏针对性与有效性,现有的碳排放权交易制度虽然作用初显,但是仍然缺乏专业的碳税制度支撑,难以实现对碳排放的制度合力,是下一步需要重点弥补的制度缺陷。

(三)工业污染治理投资强度对于碳基能源消耗具有"绿色悖论效应"

绿色悖论是指当今世界各国虽然都相继推出了节能减排的政策,但是全球变暖依然还在加重,二者之间的矛盾形成了绿色悖论。具体言之,该理论认为环保政策的实施会导致化石能源企业利润降低,基于此该类企业会增加短期排放量以规避利润损失,从而造成全球气候变暖更加严重之境地。通过上述模型数据可知,工业污染治理投资的强度对于碳基能源消耗存在绿色悖论现象,但此种情形是阶段性的数据显现,长远来看,通过增加工业污染治理投资强度是可以实现降低碳排放的效果。理论层面,绿色悖论理论是建立在排污企业因无法实现科技创新只能增加碳排放获得利润以及忽略供求关系两个假设基础上,现实中很难通过市场检验与竞争考验,此类污染企业必然会遭到市场淘汰。以实践角度来看,新税种的开征在短期内多数是以低税率多优惠的形式出现,就会导致短期内其制度效果不会很明显,换言之,绿色税收制度的绿色效应展现需要时间跨度来予以体现。

(四)科技创新水平提高有利于降低碳基能源消耗

科技创新作为当今世界经济发展的核心推动力,在促进生产力发展与进步角度,只有通过科技创新以及制度变迁才能更好地实现对经济发展的有力驱动。从世界各国绿色税收制度供给情况可以验证并借鉴,现实中,全球化石能源总的碳含量是恒定且可以测算的,如果要实现节能降耗以降低全球变暖趋势,必须在现有的制度框架内予以革新,其中环保类的科技创新与成果运用至关重要,是推动税制绿化以及实现碳减排的最佳路径,具体通过技术创新实现对新能源的替代性运用以及提升现有化石能源的使用效率,如此可以实现对全球碳排放量的有效减少与大气质量的稳步改善相结合。

(五) 碳基能源消耗量与产业结构密切相关

众所周知，碳基能源消耗量主要通过对化石燃料能源的消耗过程中所产生的，反映在产业结构领域则集中于第二产业范畴。通过本书的模型数据也同样验证了这一点，当前，国际社会中发达国家已经基本实现了产业结构的优化布局，将碳排放及污染类较高的相关产业实现了世界范围内转移，即将开始使用绿色税收手段对全球进行碳税征收，且主要国家间已经达成基本共识，国际间资源能源博弈即将实现分化。鉴于国内各地区的经济发展水平与产业结构情况，亟须在双碳目标及绿色发展理念的引导下，对现有产业结构进行多元化改制与优化，以此增强国内企业的竞争力与绿化发展水平。

第四节　小结

本章主要基于我国30个省（市、自治区）的数据构建了动态面板模型，运用系统广义矩估计方法得到模型估计结果并进行实证分析，从节能降耗和降低污染排放量两个方面，分析绿色税收对环境保护的影响。

其中，运用计量经济学方法对绿色税收的污染减排效应进行建模分析，采用熵值法对环境污染水平进行系统测算得到综合污染排放指数，从整体上考察了我国绿色税收的污染减排效应，发现污染排放存在路径依赖效应，绿色税收存在污染减排效应，科技创新水平对污染减排具有显著的促进作用，污染排放水平与产业结构密切相关。此外，人口规模与综合污染排放指数呈出正相关的关系，工业污染治理投资额占工业增加值的比重与综合污染排放指数负相关。

同时，选用可以衡量碳基能源消费的碳排放量为主要指标，对绿色税收的节能降耗效应分析，基于IPAT方程，并加入绿色税收作为解释变量，将被解释变量换成二氧化碳排放量，建立了绿色税收和能源消耗之间的回归模型，采用系统广义矩估计方法进行参数估计，分析了绿色税收对各省（市、自治区）二氧化碳排放量的影响。研究发现，碳基能源消耗存在路径依赖效应，绿色税收节能降耗效应有待提升，工业污染治理投资强度对于碳基能源消耗具有"绿色悖论效应"，科技创新水平提高有利于降低碳基能源消耗，碳基能源消耗量与产业结构密切相关。

第六章　绿色税收对经济发展的影响分析

基于绿色税收双重红利理论的框架指导下，前文对绿色税收的第一重绿色环保红利进行了实证验证且结果显著。绿色税收作为财政收入的组成部分，可以对经济发展的构成要素进行矫正与优化，进而实现经济结构调整、提高社会就业并促进经济持续增长等方面的第二重经济红利。本章将继续通过构建动态面板模型，并运用系统广义矩估计方法得到模型估计结果进行实证分析，主要从经济发展水平和产业优化两个方面具体分析绿色税收对经济的影响。

第一节　绿色税收对经济增长的影响分析

关于绿色税收对经济增长的影响领域，国内外学者都进行了深入且广泛的理论与实证研究[137-142]，分别就此提出了一些颇具借鉴意义的思路与设想，并得到了许多有价值的结论。但到目前为止，国内外学者关于绿色税收对经济增长的影响研究尚未得出一致的结论，尤其针对我国所进行的研究表明结论不尽相同。

环境资源作为典型的社会公共物品，其自身非竞争、非排他的天然社会属性，使得市场主体尤其是生产者对环境保护的重视与投入的积极性普遍偏低，长此以往不仅带来环境污染与生态破坏问题，还会导致社会资源不能实现有效的配置利用，对经济发展的效率与质量造成负面影响。绿色税收作为解决市场主体在生产、消费中带来负外部性的一种经济手段，通过其对经济增长所产生的影响进行实证分析，以此验证并找寻实现资源有效配置与促进绿色经济发展的影响因素。

一、模型的设定

通过对理论机制的梳理，经济的增长是多种因素共同作用的结果，但本书重点关注的是绿色税收对经济增长是否有影响？作用方向如何？主要考察绿色税收与经济增长之间的相关性。针对本书的研究目的，借鉴邵帅的研究思路[143]，基于对萨克斯（1995）[144]、帕派瑞克斯（2004）[145]所使用的模型进行改进，本书的动态面板数据模型为：

$$pGG_{it} = \beta_1 + \beta_2 GT_{it} + \beta_3 \ln pG_{it-1} + \gamma v_{it} + \varepsilon_{it} \qquad (6.1)$$

式6.1中被解释变量为人均国民生产总值增长率，衡量各省的经济增长速度，用pGG表示；主要解释变量为绿色税收，用GT表示；$\ln pG_{it-1}$表示人均国民生产总值自然对数的滞后一期；v_{it}表示其他与经济增长相关的控制变量；ε_{it}表示随机扰动项。

二、变量选取及数据说明

本节仍然用前文定义的绿色税收概念，将环境保护税（排污费）、资源税等9种税种加总表示绿色税收收入（GT）。根据经济增长的相关理论，控制变量v应该包含经济制度条件、物质资本投资、人力资本投入以及科技创新水平等。由于各省（市、自治区）的经济发展水平、人口密度等存在差异，因此其他控制变量均选择相对值指标以便于在不同的地区间进行横向比较。

对于经济制度条件的度量，本书参考了邵帅（2008）[143]的分析，选择对中国经济发展产生重要影响的对外开放程度，使用人民币表示的进出口贸易总额（按境内目的地和货源地分）占当地国民生产总值的比重测度对外开放程度，用OU表示。其他经济变量和大多数文献一样，选取各省（市、自治区）的全社会固定资产总投资占国民生产总值的比重作为物质资本投资的度量指标，用FI表示；选取教育支出占地方财政支出的比重作为人力资本投入的度量，用Edu表示；科技创新水平用科学技术支出占地方财政支出的比重度量，用R表示。具体选择的变量及描述性统计分析结果见表6.1和表6.2。

表6.1　经济增长模型变量说明

变量类型	变量名	含义	指标所反映的内容
因变量	pGG	人均GDP增长率	反映了各省的经济增长速度
自变量	pG	人均GDP	反映了各省的经济发展水平
自变量	GT	绿色税收收入	反映了各省绿色税收水平
控制变量	FI	全社会固定资产总投资占GDP比重	反映了各省物质资本投资水平
	Edu	教育支出占地方财政支出的比重	反映了各省的人力资本投入
	R	科学技术支出占财政支出的比重	反映了各省技术创新水平
	OU	人民币表示的进出口贸易总额与GDP的比重（按境内目的地和货源地分）	作为对外开放度的度量指标衡量各省经济制度条件

　　选取了1999—2019年除我国港、澳、台、西藏外的30个省（市、自治区）的面板数据（西藏自治区由于部分年份数据缺失较多而除外）。所有数据全部摘自《中国统计年鉴》《中国投资领域统计年鉴》《中国税收统计年鉴》。其中1999—2006年科学技术支出数据为各地财政支出中科技三项费用与科学事业费之和。由于2018年和2019年没有公布各省（市、自治区）全社会固定资产总投资数据，只公布了固定资产投资比上一年度的增长情况，所以这两年的数据分别为以2017年、2018年为基期，按照统计年鉴中公布的增长率进行的推算。

表6.2 经济增长模型变量描述性统计

变量名	平均值	标准差	最小值	最大值
pGG	12.21992	7.283891	−25.13441	44.45821
lnpG	10.05939	0.8993903	7.813996	12.00896
GT	419.5872	468.3868	2.643378	2770.876
FI	64.41351	29.14259	21.08722	159.6518
Edu	16.03887	2.508227	9.696617	22.2169
R	1.847601	1.2031	0.3886425	7.201887
OU	30.33254	34.85718	1.146777	171.9053

本节选择的数据样本量为30个，时间跨度为21年，因此是短面板数据，无需做面板单位根检验。

三、系统广义矩估计

本节继续采用系统广义矩方法对式6.1进行参数估计，分析绿色税收对各省（市、自治区）经济增长的影响。在分析中，依次逐渐添加表6.1中考虑到的控制变量，以便逐步观察各个控制变量对绿色税收与经济增长关联效应的影响。在系统广义矩估计中加入了所有内生变量的二阶到五阶滞后（若存在）作为工具变量，并且加入了Collapse选项选取最适合的滞后阶数对工具变量进行了控制，估计结果如表6.3所示。

表6.3 绿色税收节对经济增长的估计结果

变量	模型（1）	模型（2）	模型（3）	模型（4）	模型（5）
GT	0.007***	0.013***	0.013***	0.014***	0.005**
	(15.081)	(25.850)	(20.740)	(6.660)	(2.070)

变量	模型（1）	模型（2）	模型（3）	模型（4）	模型（5）
L.lnpG	−12.422***	−19.169***	−22.020***	−20.703***	−19.462***
	（−32.872）	（−73.056）	（−45.339）	（−14.234）	（−13.482）
FI		0.158***	0.311***	0.318***	0.353***
		（24.999）	（32.585）	（22.443）	（16.493）
OU			0.271***	0.327***	0.342***
			（13.479）	（26.040）	（20.700）
Edu				1.846***	2.282***
				（−8.835）	（−9.296）
R					5.968***
					（5.821）
_cons	136.279***	187.964***	194.835***	208.358***	192.616***
	（36.898）	（71.49）	（43.337）	（13.108）	（12.894）
AR（1）	0.024	0.028	0.029	0.029	0.027
AR（2）	0.961	0.912	0.227	0.219	0.214
Hansen	0.315	0.519	0.757	0.903	0.965

注：括号内的值为 t 统计量值，***表示估计系数通过1%的显著性水平检验。

表中五个模型的扰动项 AR（1）均小于0.05，AR（2）均大于0.05，表示各模型的扰动项的差分均存在一阶自相关，但不存在二阶自相关，故接受原假设"扰动项 $\{\varepsilon_{it}\}$ 无自相关"，可以使用系统广义矩进行参数估计。另外，采用 Hansen 检验对系统广义矩估计过程中的工具变量进行过渡识别检验，各模型 Hansen 检验值均大于0.1，表示接受"所有工具变量都有效"的原假设。

从表6.3的回归结果看，从5个模型回归系数的符号看，各个变量的系数符号均一致，证明了模型具有稳健性。

四、结果分析

通过对30个省（市、自治区）21年的面板数据进行分析，由表6.3中的估计结果得到最终模型：

$$pGG_{it} = 192.616 + 0.005GT_{it} - 19.462\ln pG_{it-1} + 0.353FI_{it} + 0.342OU_{it} +$$

$$2.282Edu + 5.968R \tag{6.2}$$

进而可以得到以下结论。

（一）绿色税收促进经济增长

根据本章模型的结果显示，绿色税收收入对经济增长速度的系数显著为正，符合"波特假说"，即绿色税收政策会促进企业的创新活动和技术升级，而这些创新和技术升级虽然在短期内可能会增加企业的生产成本，但在长期内可以通过"创新补偿"效应提高企业的生产效率与科技含量，抵消由于绿色税收等环境保护措施带来的成本压力，从而提升企业在市场中的盈利与竞争能力，促进经济增长。另一方面，政府通过绿色税收筹集环境保护的专项资金，将进一步增加环境保护的支出规模，引导社会资本的投资流向，据此可以助力经济转型并促进低碳循环经济发展。

（二）当期的经济增长速度与滞后一期经济水平负相关

地区滞后一期的经济发展水平对当地的经济增长速度的影响显著为负，说明地区经济发展水平越高，经济增长难度越大且会出现增速放缓。纵观近年来世界经济发展走势可知，自2008年金融危机以来，世界经济陷入增长停滞状态，各主要经济体的经济增长速度明显放缓甚至下降，说明经济水平发展到一定阶段要实现持续性增长非常困难，需要寻找新的经济增长点与科技创新的革新驱动，通过制度供给的完善影响制度变迁，进而实现经济发展水平的再次提升。

此外，物质资本投资水平、人力资本投入、技术创新水平以及对外开放程度都会促进经济增长，和现有文献中所得出的结论具有一致性。

第二节 绿色税收对产业升级的影响分析

产业结构升级是经济可持续发展的关键，也是我国经济结构优化的重要环节。过去几十年粗放型的经济发展方式虽然带来了经济增长，但随之而来的环境污染与生态破坏、产业结构失衡等问题开始突显，严重拉低了经济增长的发展质量。绿色税收作为政府应对环保与资源利用问题的经济手段，是否能够促进产业结构升级并对其进行优化？本节基于我国经济增长的现状进行实证分析，以明确绿色税制进一步深化改革的方向。

一、模型的设定

本书借鉴干春晖、郑若谷（2011）[146]在文中对"经济服务化"的分析，采用第三产业与第二产业产值之比作为产业升级的测度指标，用TS表示。如果TS比值在逐年增大，就意味着产业结构在升级，粗放型经济模式发生了转变，经济业态向服务化方向推进。

本节的面板数据模型为：

$$TS_{it} = \beta_1 + \beta_2 GT_{it} + \beta_3 \ln pG_{it} + \gamma v_{it} + \varepsilon_{it} \qquad (6.3)$$

式6.3中被解释变量为产业结构高级化度量TS；主要解释变量为绿色税收，用GT表示；$\ln pG_{it}$表示人均国民生产总值自然对数；产业结构升级与经济增长同属于经济问题，除了本书要考察的绿色税收的影响之外，还有其他因素的共同作用，v_{it}表示其他与经济增长相关的控制变量；ε_{it}表示随机扰动项。

二、变量选取及数据说明

在式6.3中其他与产业升级有关的控制变量，包括经济制度条件、物质资本投资、人力资本投入以及科技创新水平等。由于模型6.3和模型6.1相比，除被解释变量由人均GDP增长速度（pGG）换为了第三产业与第二产业的比值（TS），主要自变量绿色税收及控制变量均未改变，所以模型6.3所用的变量说明及描述性统计分析，见表6.1和表6.2。在此，仅对替换的被解释变量

TS进行说明。

数据选取了1999—2019年我国除港、澳、台、西藏外的30个省（市、自治区）的面板数据。第三产业与第二产业的比值（TS）计算数据摘自《中国统计年鉴》。各省历年第三产业与第二产业的比值趋势图如图6.1所示。

从图6.1可以看出，北京的产业升级速度最快，到2019年TS值达到了5.17，是目前30个样本中经济服务化水平最高的地区；除北京外，海南、上海的产业升级水平也相对较高；而黑龙江省在2019年TS值相对2018年有了回落，这和黑龙江依托能源发展经济、重工业基地较多，第三产业发展相对较慢有关；其他省份近20年均呈现出不同程度、不同速度的产业结构升级。

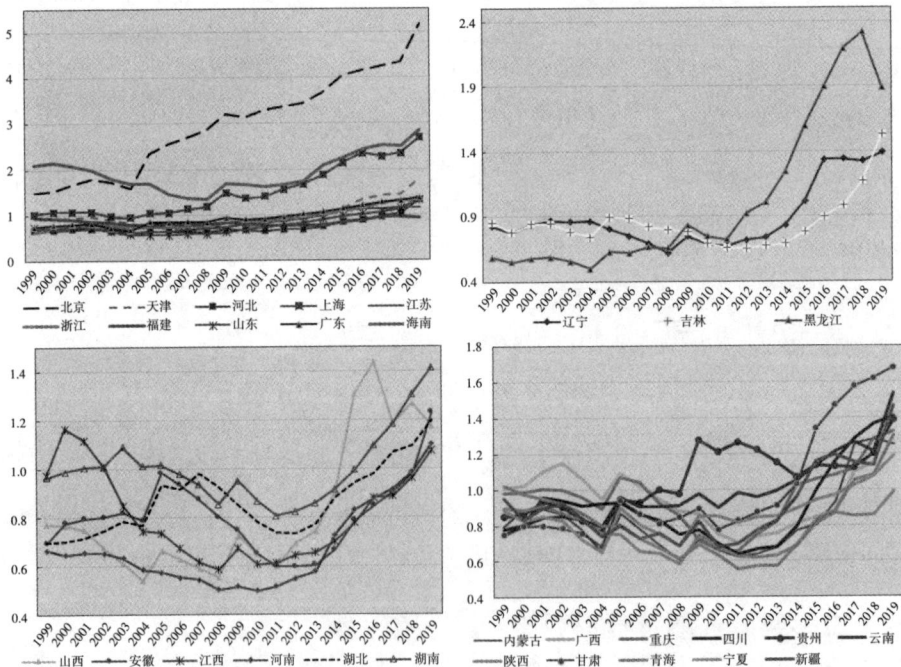

图6.1　1999—2019年各省产业升级趋势

三、系统广义矩估计

运用系统广义矩方法对式6.3进行参数估计，分析绿色税收对各省（市、自治区）产业升级的影响。在分析中，依次逐渐添加考虑到的控制变量，以便逐步观察各个控制变量对绿色税收与产业升级关联效应的影响。在系统广义矩估计中加入了所有内生变量的二阶到五阶滞后（若存在）作为工具变量，并且加入了Collapse选项选取最适合的滞后阶数对工具变量进行了控制，估计及检验结果如表6.4所示。

表6.4 绿色税收节对产业升级的回归结果

变量	模型（1）	模型（2）	模型（3）	模型（4）	模型（5）
GT	0.00003***	−0.0003***	−0.0003***	−0.0003***	−0.0001***
	(7.91)	(−9.275)	(−11.714)	(−8.265)	(−3.091)
lnpG	0.154***	0.435***	0.488***	0.547***	0.406***
	(44.325)	(25.936)	(27.094)	(20.564)	(16.033)
FI		−0.006***	−0.007***	−0.009***	−0.006***
		(−37.257)	(−32.031)	(−22.389)	(−9.378)
R			−0.045***	0.027***	0.070***
			(−7.797)	(3.597)	(2.763)
OU				−0.006***	−0.004***
				(−16.598)	(−18.135)
Edu					−0.085***
					(−19.981)
_cons	−0.550***	−2.816***	−0.14	−3.174***	−3.496***
	(−15.079)	(−19.692)	(−0.933)	(−20.057)	(−16.041)

变量	模型（1）	模型（2）	模型（3）	模型（4）	模型（5）
AR（1）	0.003	0.044	0.021	0.043	0.012
AR（2）	0.000	0.043	0.013	0.424	0.944
Hansen	0.381	0.591	0.763	0.898	0.955

注：括号内的值为 t 统计量值，***分别表示估计系数通过1%的显著性水平检验。

由此可见，表6.4中5个模型的扰动项 AR（1）均小于0.05，并且只有模型（4）和（5）的 AR（2）大于0.05，表示5个模型的扰动项的差分均存在一阶自相关，但只有模型（4）和模型（5）不存在二阶自相关，故对模型（4）和（5）可以使用系统广义矩进行参数估计。另外，采用 Hansen 检验对系统广义矩估计过程中的工具变量进行过渡识别检验，各模型 Hansen 检验值均大于0.1，表示接受"所有工具变量都有效"的原假设。

四、结果分析

通过对30个省（市、自治区）21年的面板数据进行分析，由表6.4中的估计结果得到最终模型：

$$TS_{it} = -3.496 - 0.0001GT_{it} + 0.406\ln pG_{it} - 0.006FI_{it} - 0.004OU_{it} - 0.085Edu$$
$$+0.07R \tag{6.2}$$

进而可以得到以下结论。

（一）绿色税收对产业升级不能起到促进作用

当前，世界经济增速放缓及国际关系复杂多变，国内经济整体处于下行趋势，急需进行产业优化升级以扩大内需及第三产业发展，实现消费对经济增长的拉升作用。由于我国绿色税收主要是以企业作为纳税人，绿色税收会对其造成企业生产成本上升以及经验利润相应下降的不利局面。其中，现有产业结构中第二产业中的国有大型企业居多，整体税负承受能力强，而第三产业中的中小企业居多，税负承受能力相对弱一些，对于宏观税负的调整更敏感，成本的增加会减缓第三产业的发展。通过绿色税收收入的占比规模可知，其对税收总收入的贡献较少，表明绿色税收收入对现有经济增长的影响能力较弱，现有绿色税收制度供给亟待完善。

（二）技术创新水平、经济发展水平的提高可以促进产业升级

随着高新技术的发展应用，生产要素的投入产出比随之提高，产品多样化、复杂化，也使得产业内部、产业间的生产联系更加紧密，所以技术创新水平的提高促进了产业结构的升级。经济发展水平可以促进企业的技术创新，进而实现产业高级化。产业升级与经济发展水平之间存在相互促进的关系，经济发展水平的提升会产生对产业结构升级的需求，同时产业结构升级会对经济发展水平起到良好的促进作用。此外，技术创新、经济发展、产业升级三者之间存在一种良性循环关系，其中技术创新是促进后两者实现增长与提升的原动力，而后两者的良性互动反过来对科技创新创造良好的市场环境。

（三）物质资本投资水平、人力资本投入、对外开放程度与产业升级负相关

物质资本投资水平与产业升级呈现负相关，原因在于我国的固定资产投资多用于基础设施建设等社会公共产品的领域，投资大、见效慢，甚至长期亏损，是基于其公共产品属性作用的结果。人力资本投入与对外开放程度与产业升级负相关，是由于短期内两者对实现经济增长可能产生积极影响，产业升级过程中强调对人力资本投入要求较高，现实中市场对人力资本产生多元化与专业化需求，但是现有教育体制及人力资本总体供给水平不能满足市场所需，造成人力资本红利作用有待挖掘与发挥。对外开放程度对产业升级影响较大，基于安全考量，各国普遍采取审慎原则予以适度开放，以此保护并促进相关产业的健康发展，故此，其对产业升级的作用会出现负相关。

第三节 小结

本章通过构建动态面板模型，并运用系统广义矩估计方法，主要从经济发展水平和产业优化两个方面，针对绿色税收对经济的影响进行具体的实证分析。研究分析绿色税收可以促进经济增长，当期的经济增长速度与滞后一期经济水平负相关。此外，物质资本投资水平、人力资本投入、技术创新水平以及对外开放程度都会促进经济增长。与此同时，绿色税收对产业升级不能起到明显的促进作用，但是技术创新水平、经济发展水平的提高可以促进产业升级，并且实现彼此之间的良性互动。物质资本投资水平、人力资本投入、对外开放度等方面基于自身的属性与机制差异与产业升级呈现出负相关。

第七章 完善我国绿色税收制度供给的路径与展望

近年来，绿色低碳循环发展日渐成为世界各国以及国内经济社会发展的主流，绿色税收制度作为有效解决资源环保问题并促进可持续发展的制度选择。实证表明，绿色税收制度对环境保护与经济增长都有显著促进作用。在借鉴国际社会先进经验并结合国内税制改革进程的基础上，对现行绿色税收制度供给进行完善，是践行绿色发展理念并推进税制绿色转型的新时代要求，也是助力建设"美丽中国"、推动经济高质量发展的题中之义。

第一节 完善绿色税收制度供给的理念与原则

绿色税收制度作为顺应新时代绿色发展趋势的制度革新，其供给现状尚不足以满足税制绿化及经济高质量发展之需求，在对其进行完善与优化的进程中要注重把握以下理念与原则。

一、绿色发展理念

绿色发展理念是基于对人与自然、经济发展与环境保护双重辩证关系的科学认知与行动导引，最终目的在于实现其内在统一与和谐共生。环境污染与资源紧张问题源于二者作为公共物品所产生的环境负外部性，如何通过制度创新将环境负外部性内部化，如何理性认知环境保护与经济发展的辩证统一关系，实现两者之间的相互促进与协调共生，在环境保护的基础上实现可持续发展，是践行绿色发展理念之关键。绿色发展理念的内涵至少包括两个方面，即从经济学角度分析，绿色发展是将自然资源的生态价值作为发展的前提，强调的是依靠制度供给与制度变迁，将环境资源作为经济增长要素转化为生产力，只有坚持绿色发展才能实现高质量的可持续发展。与此同时，只有通过绿色发展才能实现经济转型优化与科学技术创新，为进一步改善环境治理创造物质条件与技术准备。

绿色发展理念不仅明确了绿色发展的目标任务与价值导向，还指明了其发展路径，即全面提升绿色生产与生活方式。绿色生产方式是指由高耗能、高污染、低效率传统方式，转变为采用环保科技实现绿色低碳循环的经济增长新模式，其内涵包括构建绿色发展的法制体系与清洁高效的能源体系，夯实绿色科技创新的技术支持，形成高质量的现代化产业体系等。绿色生活方式是指将绿色发展理念融入人们具体的生活习惯与理性消费过程中。

绿色税收制度通过税收手段将环境污染与生态破坏的社会成本内部化到企业生产成本和市场价格中去，以此促进市场主体主动进行绿色生产方式革新，并引导消费主体培养其绿色生活方式，以践行绿色发展理念并推动高质量绿色发展。当前我国的绿色税收制度供给遵循绿色发展理念之引导，按照制度供给理论对其自身进行制度革新与完善，使其制度本身的绿化程度及税制质效得到提升，以便更好地促进绿色发展理念在税制绿化改革中发挥导向作用。同时，通过对绿色税收制度供给进行完善，进一步提升其经济调控能力与法制体系构建水平，更好地为促进绿色发展提供制度支持。

二、公平与效率原则

公平与效率原则作为税收制度的基本原则，二者是有机统一的关系，公平是效率的前提基础，不患寡而患不均，没有公平便无效率。同理，效率是公平的进阶互补，没有效率公平也无意义。一般来讲，公平原则是财政税收制度的前提与首要原则，亚当·斯密最早将"公平、确定、便利、节省"作为税收的基本原则，此后虽历经变革与调整，公平原则始终作为首要原则予以确立。在税收领域，公平原则具体指缴纳能力与受益公平两个维度，即谁受益谁纳税，税收与收入成正比，收入高则纳税多，反之亦然。鉴于我国国情，绿色税收制度供给必须强调并将遵循公平原则放在首位，我国幅员辽阔且东中西部经济发展水平与资源环境禀赋差距明显，绿色税制改革要注重横向公平并兼顾中央与地方利益的适度均衡，在保证中央绝对权威的同时也要注重对地方绿色税制改革积极性的培育与鼓励。纵向公平层面要注重对高能耗、高污染产业征收高税率，反之则适度降低，但也要因时因势实现弹性调整，对关系国计民生的产业要适度予以优惠，同时要对弱势群体进行适度的减免与补贴。除此以外，纵向公平更要体现在代际公平领域，要按照既能满足当代人的生存与发展需求，又不能损害与牺牲后代人的发展机会与使用权利，尽量做到两者之间的有效均衡。现实中很难依靠市场机制予以实现，因此需要政府主导进行绿色税收制度供给，通过法制与政策等制度层面的有效供给，实现对当代资源能源与生态环境资源的有效保护与合理利用，进而为后代人创造较好的资源保有量及可持续利用与发展的制度范式。

效率原则是指投入较少的成本来获取较大的收益，并通过有效的方式实现对收益的合理配置与使用。其主要体现在经济效率与行政效率两个方面：前者是指要发挥税收的经济属性对资源的合理利用进行有效配置，以此保证市场的资源配置的主体地位，同时辅之政府的宏观调控予以配合，实现促进经济增长与平稳运行，达到帕累托最优；后者是指税收征管过程中行政主体的征收成本较小，通过节约征管成本来提高税收征纳工作的行政效率，主要是通过有效的制度执行机制予以实现。具体到绿色税收制度层面，效率原则主要体现在既要优化税制资源配置，又能保证绿色经济机制有效运行。经济效率主要通过绿色税种体系与其规制范畴的匹配，提高环境治理质效；行政效率则更注重绿色税收征管环节的成本收益比。此外，效率原则还体现在绿色税制本身的制度供给过程中，要通过对现有绿色税收制度的设计与征管环节进行优化完善，以此提升绿色税制自身效率。

我国在不同发展阶段对公平与效率原则的适用进行了与时俱进的调整，从"兼顾并举"到"效率优先，兼顾公平"，再到"两者兼顾再分配更加注重公平"，如此演变同样适用于税收制度领域。绿色税收制度是在保证市场主体公平合理利用环境资源的基础上，提升税制的环境治理及征管效率，进而实现环境保护与绿色经济发展的双重红利。其出发点在于针对环境污染造成的环境负外部性问题，通过绿色税收实现对其负外部性的内部化，从而促进社会成员对环境污染解决的公平性，在此过程中又必须注重对效率原则的适用，以克服市场机制自身缺陷，通过经济与行政效率实现对绿色税收制度的有效实施。故此，我国绿色税收制度供给过程中必须实现公平与效率原则的有机结合。

三、税收中性原则

税收中性原则作为公平与效率原则的延续兼蓄两者之价值，是指在确保市场机制实现对资源高效配置的前提下，为提高经济效率并减轻纳税人自身法定税负之外的超额负担部分，将税收对市场主体的负面影响限定在最小幅度以内，防止重复征税，保持市场秩序稳定性与税收征管流畅。税收中性原则较多地内含于税收效率原则之中，即市场主体通过有效率的经营行为进行决策而取得收益，此时适用此原则较少地减少干预，即使有必要进行干预或者予以税收征缴也应该适度降低其干预的程度与范围，以此减少对市场主体经营效率的负面影响。

近年来税收中性原则之涵义也发生了与时俱进的演化与拓展，当前对其内涵及外延学界争议较大。部分学者则主张其原则适用过于理想化，现实中税收额外负担无法避免，具体适用过程中很难拿捏住均衡点；多数学者认为应该严格界定在传统框架内，审慎对其内涵进行扩张或者缩小，以免造成混用；还有观点认为应该将其适用语境予以扩展，将税收活动的影响程度缩小到最低限度。本书赞同将其内涵予以扩展至对现有税制以及新开税种时，将税收制度对纳税人的负面影响程度降至最低。税收中性原则某种程度上是对量能课税原则的另一种表述。税务实践中，绿色税收在短期内尤其是经济下行周期内会造成纳税人的税外负担，此时税收中性原则主要表现为对纳税人权益的维护，尽可能地降低税外负担的影响，保持并鼓励纳税人的正常经营与税收缴纳。

税务实践中税收中性原则的具体适用取决于市场竞争环境，完全竞争条件下市场自身可实现帕累托最优，政府征税应该选取中性税种，反之则要以非中性税收对市场缺陷予以矫正，从而实现资源配置效率并保证税制有效性。税收中性原则较多地适用于微观领域，较多地注重对微观经济效率的提升，比如对于企业等市场主体进行项目评估及经营决策时会将税收负担作为决策影响因素予以评估，故此，税收中性原则的比较契合在绿色税收领域进行适用。鉴于绿色税收制度对纳税人尤其是企业进行适用时，初始阶段必然会对经营决策与利润收益产生负面影响，因此，在绿色税收制度供给的完善过程中，要以税收中性原则为指导，对现有税种税制及即将新增的税种，注重整体绿色税收领域税负的协调与兼顾，适时采取税收优惠及减免措施降低纳税人的实际税负与抵触情绪，发挥绿色税收制度的环保效应与社会发展的经济效应。

四、税收法定原则

税收法定原则即税收法定主义，作为税法的核心基本原则，是指税种、税收要素及征管程序都必须由法律予以明确规定，要求税法内容的确定性以保证法律的权威性与可预测性，并贯穿税收立法与执法的全部领域，简言之，如无法律规定国家就没有征税权利，公民也就没有纳税义务。该原则肇始于中世纪资产阶级革命时代的英国，初衷是为维护公民财产权益，国会对国王的征税权予以法定程序限制。税收作为政府提供公共产品的主要财政来源，是对纳税人利益的无偿征收与再分配，关系到公民的切身权益与国计民生各个领域，所以必须按照税收法定原则进行税制设立与执行，通过税制法定，推动税务法治，并实现良法善治，推进税收治理体系与治理能力现代化。

全面推进依法治国必须全面落实税收法定原则，坚持依法治税。落实税收法定原则必须提高立法质量，新时代社会主要矛盾的演变使得人们对税收立法的需求标准有所提升，不仅要做到及时、适时立法，而且应该是立管用的良法，必须能够通过实践检验立法质量与社会实效。当前我国税收立法工作进展较快，现有主要税种基本上实现了税收法定。2018年至今，税收立法领域对落实税收法定原则进程明显加快，先后制定了《耕地占用税法》《车辆购置税法》等绿色税种法律。绿色税收制度兼具经济与法律属性，当前绿色税制体系中多数税种实现了全国人民代表大会的法律立法性规制，在绿色税收制度供给的完善过程中，要秉承税收法定原则对绿色税种体系及其征管机制进行全面立法规制与优化，以此构建绿色税收法制体系，并全面提升绿色税收制度的法治治理能力。

第二节 完善我国绿色税收制度供给的路径

在我国经济步入新常态及碳达峰、碳中和的新时代环境下，绿色税收制度作为推动税制绿化改革和实现绿色发展的重要抓手，针对当前环境治理与税制绿化之现状，应该对其制度供给进行更为全面且深入的完善。在此过程中，要在坚持前文"一种理念四项原则"的基础上，构建整体推进的框架与设定路线图。本书建议采取循序渐进的模式，分别从绿色税种体系、意识形态领域及其征管法制建设等三个层面予以推进，逐步实现税制绿化并推动绿色发展。

一、整合并优化现有绿色税种体系

我国绿色税收制度中正式规则部分的绿色税种体系，由以环境保护税与资源税为主体，耕地占用税与车船税等为补充的绿色税收体系构成，伴随税制改革进程与经济社会发展所需，在遵循公平与效率原则基础上，有必要对现有税种体系进行整合并优化，根据各税种自身税制要素的耦合程度进行合并整理。

现有绿色税种体系根据不同层级进行划分整合，可以通过宏观、中观以及微观角度进行逐步展开。

第一，宏观层面。可以分为资源税类体系与环境保护行为税类体系，其中，按照税种性质与社会功能角度分析，资源税类体系主要包括了资源税、城镇土地使用税、耕地占用税与烟叶税。资源税作为典型的资源能源类税收，城镇土地使用税与耕地占用税都是以城区或耕地等土地资源为课税对象计征的资源税绿色税收，烟叶税则是对烟叶资源开征的专项税种。环境保护行为税类体系则主要包括环境保护税、消费税、城市维护建设税、车辆购置税与车船税。环境保护税作为对污染环境行为征收的典型的环保行为税种，消费税对资源类消费品进行征收以矫正消费行为，城市维护建设税则是在增值税与消费税基础上的再次税收矫正，车辆购置税与车船税是对纳税人购买及拥有使用过程中的行为进行课税。

第二，中观层面。按照税收效率原则及绿色税种之间的职能交叉与适用对象的相近性，可以将车辆购置税与车船税合并为车船使用税，城镇土地使用税与耕地占用税合并土地使用税。鉴于税制优化与税务实践反馈情况，车辆购置税是基于纳税人购买车辆时一次性缴纳的10%税款，车船税则是基于纳税人对车船的保有阶段所征税款，两者税种实施的目的主要是引导消费者加大对低耗能低排量车船消费倾向。纳税人对车船的购买及使用是自然的承接过程，终极目的在于对交通工具进行使用，故此将二者合并为车船使用税，从节能减排的角度出发，将购买环节的税款延迟至使用环节，并对计征环节设计进行必要优化。城镇土地使用税与耕地占用税都是基于对土地资源的使用进行纳税，前者是针对城镇土地的使用收税，后者是针对农村土地的使用纳税，两者相结合构成了我国对土地资源使用的纳税版图，其区分主要是基于土地利用性质及用途的划分，本质上讲土地本身价值差别不大，长远看应该适用土地市场价格机制进行计税评估较为合理，将全国土地作为统一的市场进行开发利用，将二者合并为土地利用税对所有土地资源进行课税。

第三，微观层面。可以通过对现有绿色税种的税基、税目及税率等要素进行调整，以此优化其环境保护及资源利用的绿化职能，实现现有绿色税种体系内部的自身调整优化，比如将部分资源税与消费税名下的子税目进行优化合并等。

第四，注重独立并开征新税种。比如，改革现有城市维护建设税附加税的属性，将其列为独立税种，通过渐进式方式将其维护社会公益事业的特性予以凸显，形成专有税基，以维持其税收稳定性。基于"双碳"目标，应及时、适时对碳排放开征碳税，弥补碳排放领域的绿色税种缺陷，注重其与现有碳排放交易制度的相互协调，同时做好中国特色碳税制度的具体设计与配套措施的相关准备。

此外，根据税收中性原则，在整合与优化过程中要注重绿色税种体系内部的协调与整体税负的幅度，尤其要实现绿色税种体系与税收优惠政策的有效衔接与合理配置，统筹实现绿色税种体系的环境保护与绿色发展职能。

二、重视并强化绿色发展意识形态

非正式规则是绿色税收制度的重要组成部分，其核心内容是意识形态，绿色发展理念是绿色税收制度的核心意识形态，在对绿色税收制度供给的过程中必须高度重视并予以强化。根据心理学中意识与行为的关系理论，"意识决定行为"定律在环境保护领域同样适用，并据此强调公民的绿色环保意识对其自身环保行为具有支配性。具体言之，即公民绿色环保意识越强，则其从事环保行为的积极性就越高，也就越有利于环境污染的有效预防。绿色发展理念作为绿色环保意识的升级与深化，是在环境保护的基础上着重于经济社会的全面发展，是实现人与自然和谐共生的意识形态前提。绿色税收制度供给的完善必须秉承绿色发展理念，才能保证意识形态领域的绿色本质与路径遵循。

新时代面临新矛盾与新问题，新要求需要新思路新理念。推进税制绿化改革并实现高质量发展，既是对生产与生活方式的绿化变革，也是对价值观念和思维方式的绿化革新。绿色发展理念的作用在于通过正确处理人与自然环境的关系，以二者实现和谐共生为价值准则和以永续发展为价值目标，促进环境保护与可持续发展进而实现人的全面发展。当前环境污染与生态破坏问题凸显，人们对环境问题的认知逐步加深，意识到环境问题源于环保意识与发展理念的落后与生产与生活方式的非理性。故此，转变发展观念是解决环境问题的根本途径，与此同时，绿色发展理念日渐深入人心逐步成为社会主流绿色环保价值理念。在此良好的社会基础上，在绿色税收制度供给的完善过程中，要注重对绿色发展理念的宣传教育与培养，形成从上到下的引领与落实机制，建立政府牵头、社会主体多方参与的有效运行机制，多措并举地提升全社会的绿色发展理念。

三、规范并改进征收管理机制

税收征管不仅涉及税收收入的及时缴征，也是对解决社会民生问题的有力支撑。国税地税机构合并改革完成，标志着我国已经建立了新的税收征管体制，但要实现构建优化高效统一的税收征管体系的改革目标尚待时日。绿色税收制度供给的完善在绿色发展理念的指导下，不仅需要对绿色税种体系进行整合优化，更要对其自身的实现机制即程序方面进行规范与完善，以程序规范约束并保障实现实体正义。征管机制作为绿色税收制度供给的关键环节与程序要件，要在坚持税收法定原则的前提下，按照《关于进一步深化税收征管改革的意见》的具体部署安排，结合绿色税收制度供给的现实所需，注重从程序法律规制、征管体制梳理与科技手段支持等方面予以规范与改进。

鉴于绿色税收制度供给中所涉及的绿色税种，在其征收过程中许多税种的技术性与专业性程度要求较高，比如环境保护税对污染物排放量的测算，要求环保部门与税务部门实现及时有效的科学检测才能实现。故此，要加强对纳税人特别是排污企业的监管与技术监测力度，尽量做到信息的准确获取与征缴双方的信息对称，充分运用大数据技术加强征税信息化建设与部门协作水平，尽早实现税务管理的智能化体系构建，建章立制做好绿色税收征管制度化建设与政策支持，进一步优化并细化税收执法方式与规范，同时注重组织保障与专业绿色税收税务人才队伍建设与培育，从而实现总体的税收征管水平与税务服务质量。

第三节 完善绿色税收制度供给的具体措施

前文通过对绿色税收制度供给现状及问题的全面梳理提供了靶向目标，通过实证方式予以验证其双重红利效应的具体区间，结合本章对绿色税收制度供给予以完善的理念原则与路径规划，有针对性地对其制度供给提出具体的建议。

一、完善绿色税种体系的具体措施

环境保护税作为法定的绿色税种，鉴于其实践征收过程中存在的诸多问题，建议应及时启动对其进行法律修订工作，以维护环境保护税法的权威性与实效性，为绿色税收制度的完善提供法制保障。

（一）环境保护税

1. 明晰并扩展征税范围

建议修法时进一步明确环境保护税的纳税主体范围，将直接排放污染物的纳税人予以界定清楚，实现法律条款之间的逻辑自洽。在此基础上，为实现税收征纳的确定与稳定性，建议将建筑施工扬尘的纳税主体统一确定为建设单位。在征税对象方面，适时将挥发性有机物（VOCs）、建筑噪声、飞行器噪声、光学污染等纳入征收范围，增加征税环节的覆盖面，建议预设免收的分贝以及辐射范围区间，采取超标征收的范式，针对不同地点与程度设置差别税率予以弹性征纳，将对固体废物污染物的处置环节纳入征管范围，参照国外先进做法适时对征税范围进行调整。

2. 适时调整税率水平及其浮动设置

鉴于当前环境保护税收占比少、绿化作用小的形势，建议结合碳中和的实现过程适时逐步提高其整体税率，切实发挥环境保护税的调节作用。同时，对大气及水污染物的浮动税率授予权设定适度的期限，适时实现全国统一的固定税率，以减少区域性及地区间差异，对不同污染物按照季节性、行业特性及成长过程进行周期性地税率调整，实现税收的公平性与权威性。

3. 进一步优化与细化税收优惠政策

逐步引入税收返还与加速折旧等相关税种的优惠政策，切实落实好对纳税人的优惠激励政策实效，建议修法时取消对污水集中处理场所达标的免税优惠，可采取先征后返的形式予以激励或补贴。进一步细化优惠税率档次供给，增设税率减征的级别幅度，将现有的税收优惠档次增至四档。建议按照具体征收税额标准差异设置不同污染物的起征点，在实行与现行税制其他税种协调的基础上，切实减轻并激励企业主动采取节能环保措施。

4. 优化污染物测度及税额征纳方法

增加对固体废物的细化精分，除了现行的适用范围之外，对其他固体废物进行税目列举实现分类处置。优化对大气及水污染污染物排放测度方式，技术层面通过补贴或折抵方式鼓励市场主体安装自动在线监测设备，鼓励第三方提供污染物测度服务并予以相应的法制规范与责任约束，以保证数据的追溯性与真实性。探索按照年度或者季度产品产值进行倒算，结合同行业及历年均值扣除能源消耗成本后截取适度的排放量标准。

5. 健全税款专用与资金调节机制

要按照专款专用原则，设立环境保护专项资金与环保基金，用于处理跨区域及突发性环境污染事件。建议实现中央与地方环保专项资金分级，实现对全国以及各省级领域内针对不同范围的重大环境问题予以及时应对与覆盖，积极倡导社会主体参与环境治理，构建多元化的环保基金来源，并严格按照法定程序对使用情况进行及时公开。同时，参照对野生动物保护配套制度经验，建立损害赔偿制度，对造成环境污染与生态破坏的事件，及时进行生态修复与环境重建，以降低损害程度。

（二）资源税

1. 构建以市场为主导的定价及出让机制

结合资源储量及经济发展模式需求，发挥市场对资源配置的决定性作用，在科学合理的评估基础上，并在保障资源能源安全的前提下，采用市场化的竞争定价机制，落实资源有偿取得制度，保障国家的资源收益权。积极引入社会资本通过招拍挂等市场化出让方式参与资源开发利用，同时配套开采与使用权流转市场，出台相应的规章制度，保护市场主体的合法权益，搞活主体与流通环节，以提高资源利用效率。

2. 进一步扩大资源税征收范围

建议采取渐进式方式逐步展开，首先，对现有税目进行梳理整合，适度扩展税目层级，实现税目的细化与精确，补足对其他非金属原矿及其他有色金属矿原矿的漏洞。其次，尽快开征包括森林、草原、滩涂与湿地等生态价值较高的资源类税收，完善并整合现有资源税品类。最后，要在扩围的过程中，注重对自然资源内部开征税目的协调与融合，实现资源税改革的整体推进与全面优化。

3. 加快资源税改革进程与法制衔接协调

鉴于全球资源能源领域的国际博弈与市场行情波动，很有必要加快资源领域的改革进程，以维护资源能源安全与环境生态稳定。对于水资源税改革应该及时总结经验进行立法规制，同时开展对森林、草原、滩涂等自然资源领域的资源税征收试点，并设定明确的试点期限和周期，切实全面有效地推进资源税改革。按照税收法定原则要求，对当前以及今后改革中涉及法律法规冲突及矛盾的内容，建议由自然资源部主导进行系统梳理并及时调整，为资源税改革提供科学合理的制度支撑。

（三）消费税

1. 扩展现有征税范围

逐步加大对高耗能、高污染及资源类消费品和消费行为的征税范围与力度，才能有效发挥消费税的绿色环保消费的引领作用，实现在消费领域中对消费品及消费行为的负外部性内化。具体言之，适时增加造成环境污染的电子产品与生活用品计征范围，比如新能源汽车电池、实木家具、一次性包装物、塑料制品、洗涤剂、化学染料等，农业及工业生产过程中的原料及辅助性产品，比如化学农药、煤炭、水泥、天然气等，对引进的重污染、高能耗工业设备加征进口环节消费税。

2. 计税环节后移并提高税率水平

生产环节征收消费税加重了制造企业负担，要将其进行后移以此匹配消费品的销售价格水平，同时对部分消费品税税率进行弹性调整予以适度提高。比如，木制一次性筷子既浪费原木资源，又掺杂化学洗染剂品，造成资源浪费并污染环境，建议将其税率提升至20%，以此有效规制制造及使用，倡导环保餐饮用品及绿色生活方式。

3. 注重税种协调，构建绿色环保制度合力

消费税改革应与绿色税种体系中存在现实交叉的资源税、城市维护建设税、车船税等进行统筹协同，避免冲突矛盾。比如，可以将烟叶税、车船税取消并作为消费税的子税目，可理顺并简化税制，增强环保实效。

（四）城市维护建设税

1. 改革附加税属性并构建独立税种

鉴于附加税性质所导致的前文所述弊端，建议逐步将其过渡为独立税种，按照"谁受益谁交税"原则，将辖区内享有公共事业福利的企业、社会组织与个人设定为本税纳税人，税基为纳税人在辖区内经营与收入所得，可维持税收稳定性与合理性。鉴于其当前已经实现立法规制，建议采取修法形式予以变革确立，并延续立法规制的中央集中并适度分权地方的立法模式，但要明确其地方税种性质。

2. 提高税率并优化计征方式

鉴于城镇化水平的快速发展，对于公共事业资金需求缺口较大，以及现阶段人民群众对于高质量及绿色发展的期待，在遵循税收中性原则的基础上，采取收益高多缴税、收益少交税少的渐进式方式逐步展开。改定额征收方式

为比例税率，以实现与纳税人收入情况相匹配，赋予地方税收调节权与管理权，实现公平与效率的兼顾。

（五）耕地占用税与城镇土地使用税

鉴于二者为当前对土地资源利用领域最主要的绿色税种，近年来对其改革推进力度有所差异，对现实中土地利用相关的产业发展影响较小，尤其是低成本的土地税收为房地产市场发展提供了条件。当前在追求高质量发展以及实现第三次分配公平的前提下，房地产市场逐步下行已成必然，如何进一步发挥好这两个绿色税种调控作用，本书提供修缮方案与改革方案两种完善路径。

1. 扩展并明确征税范围

将现有耕地占用税扩展到林地、草地、园地及水利用地等范围，实现对现有利用耕地的全覆盖，梳理城镇土地使用税中城乡结合以及土地用途变更后闲置用地等城镇土地税源，及时纳入征税范围。

2. 适度提高税率并改革为比例税率

鉴于当前定额征收税率的档次低且不够灵活，可参照其他税种税率区间设置，以全国耕地质量等级为依据设定基础税率，在此基础上增设合理的区间幅度，以此实现较为合理地应对不同性质的耕地资源类型。对高污染低效能、高耗能低产出的税目设定较高税率，反之则鼓励并减征。

3. 适用土地市场价格机制作为计税依据

相比较依据耕地面积及行政区划进行计税的现行模式，从真实反映土地价值与市场供需变化的角度来看，只有适用土地市场价格机制作为计税依据较为合理，一则增加税收收入，二则有效提升土地资源利用率，彰显其绿色税种的税制属性。

4. 将耕地占用税与城镇土地使用税合并

从长远来看，鉴于税制改革的推进及土地市场的发展趋势，建议将二者合并为土地使用税。如此，既可以实现对全国所有土地资源利用方面的税源全覆盖，又可以对前文所述之问题进行系统化改革。同时，改革过程中注重按照税收法定原则对相关税种立法进行协调，运用法制化手段实现对土地类税收的转型升级。

（六）车辆购置税与车船税

1. 扩大税收优惠范围并优化计税依据

将公务用车全面纳入征管范围，实现同等对待；对柴油车按照比例折算为汽油排放量统一征收口径，设立具体税收完税年限（比如10年），年限届满不予征收；对小排量摩托车及特殊用途的环卫车、洒水车、垃圾清运车等实行减免优惠。

2. 合并或取消车船税以理顺税制逻辑

车船对于纳税人的价值在于使用，现实中应该按照其具体的使用情况予以征纳，将其定位为行为税比较合适。同时，针对在特定季节或重大事件进行限号与管制期间，予以适度减免税负或者将其并入燃油税部分，待其报废或者注销时统一征收环境保护税即可。

（七）烟叶税

烟叶税作为对烟叶收购单位征收的绿色行为税种，税种虽小但牵扯利益主体较多，对其改革与完善必须审慎视之。要在保障农民利益与降低负担的前提下，理顺烟草行业、地方税制体系和地方财政收入的关系，发挥其环境保护的绿色税种调整职能。

1. 改为消费税的子税目，由中央收取并进行转移支付

在国税地税合并的前提下，对烟叶收购环节开展消费税既符合消费税当前的税目设定，也便于提高征收效率。对于地方财政因此出现的缺口，由中央统一进行财政转移支付予以补足，进一步提高烟叶税的资金利用率，并解决因地方行政干预烟叶种植而损害烟农利益、破坏生态环境的连锁问题。

2. 改革烟叶收购定价机制，提升烟农议价能力

改革烟叶收购价格制定机制，破除现有垄断利益格局，实现烟叶收购价格的市场化定价机制。同时参照国际市场同类别烟叶收购价格，发挥市场的资源配置主导作用，提升收购价格透明度。通过建立烟叶种植合作社等形式，提升烟农的市场主体地位与议价能力。

3. 推广并完善烤烟保险制度

为解决烟农的后顾之忧与种植积极性，宜由地方政府或村委会出面协调当地保险公司，开设并完善烤烟保险险种及制度，对烟叶在种植及烘烤阶段遭受的自然灾害与人为破坏等造成的损失予以经济补偿。

二、绿色税收优惠政策建议

绿色税收优惠政策作为环保领域的产业助力举措，通过对市场主体从生产到消费的过程予以税收减免与抵扣，实现对绿色环保行业的经济与制度支持。鉴于前文所述之问题，采取如下措施予以改进。

第一，依据税种属性进行科学设定。鉴于现存问题及绿色发展所需，按照税收中性原则对优惠政策的激励机制与作用范围予以明确，并根据税种的属性进行差异化设定，构建其理论支撑与逻辑体系。比如，对增值税税收优惠宜依据其流转税属性，保持各环节之间流转的连续性与稳定性，适度采取先征后返的优惠方式予以设定；企业所得税则应注重对企业前期环保设备及技术投入、生产与保有环节的加速折旧以及再投资抵免退税等环节予以设定，切实减轻企业在生产、研发及设备与技术更新过程中的税收负担，实现对全产业链优惠措施的覆盖，以此激励企业开展绿色生产的积极性。

第二，统筹推进构建绿色税收优惠体系。以实现税制绿化与提高企业效益为目标，在对现有绿色税收优惠政策进行梳理整合的基础上，明确税务部门法制主体职责，及时优化并清理不符合环境保护的税收优惠规定，以增值税和企业所得税优惠政策为主，结合其他绿色税种的相关优惠规定，对市场主体实行从投入到产出的全产业链优惠政策。

第三，合理界定范围并注重落实。针对优惠政策门槛高、适用难的问题，应进行细化并扩大适用范围，彰显优惠政策的及时性与实效性。比如，增加对环保设备进行明确的加速折旧，建立企业所得税优惠目录调节机制，做到对绿色税种统一适用，以概括式方式明确目录更新规则，避免频繁更换。适度延长"三免三减半"政策优惠年限，并合理界定征收时间节点，扩大对企业自身采取清洁设备进行自用的优惠覆盖幅度。

三、非正式规则的转变提升

培养并提升社会整体的绿色环保与绿色发展理念，是习近平生态文明思想的重要组成部分。当前我国发展面临百年未有之大变革，绿色环保与经济发展之间的均衡仍然有待探索，在绿色税收制度供给不断完善的过程中，培养并全面提升全社会的绿色环保与发展理念尤为必要。鉴于前文现状之不足，在借鉴各国经验的基础上提出如下建议。

第一，构建并完善绿色教育体系。百年大计教育为本，作为绿色税收制度供给中意识形态的核心内容，绿色环保与发展理念的培养必须依靠教育体系予以实现。通过对全部社会成员实行幼儿与义务教育、高等与社会教育全覆盖，将绿色环保与生态文明教育贯穿始终，实现课堂教育与社会教育的有效衔接，培养并强化其绿色价值理念。

第二，党政引领，形成从上到下的落实机制。政府作为公共产品及社会制度的供给者，党政领导干部要起到良好的行为引领导向作用，将其纳入考核机制并压实责任意识，注重对绿色环保领域公务人员的意识形态强化，做到知行合一与权责统一地践行习近平生态文明思想，逐步建立以政府及其主管部门牵头，广泛吸纳企业、社会组织及公民协调参与的自上而下与自下而上相结合的有效运行机制，发挥社会各阶层的绿色发展合力。

第三，建章立制，规范引导公众参与。在实现绿色环保与发展理念培养过程中，教育是根本，政府起到主体带头引导作用，相关制度构建是保障。加强绿色教育法制建设，为保障公众参与环境权行使提供制度保障，健全环境公益诉讼制度，加强并推进环保项目及规划信息公示制度，保障环保NGO等社会公益组织与民众的环境监督权，不仅对环境污染与生态破坏行为进行举报，还要对环保执法及环境司法进行有效社会监督。进一步完善环境管理体制，发挥部门之间与跨行业的综合协调机制，提升并优化政府环境治理水平与能力。

第四，多措并举，提高公众参与的主动性与积极性。以家庭为基点，以社区为辐射面，构建点面结合的社区绿色互动场景。依托社区组织优势，定期开展绿色环保志愿与社区绿化创建等集体活动，在具体活动中潜移默化地培养绿色环保意识与技能。此外，拓展公众参与渠道，重视对民间环保组织的引导。梳理与政府主管部门的沟通机制，适度给予政策与发展空间支持，合理引导组织开展交流合作与培训，提升民间环保组织的政治意识与专业综合水平。同时，政府可调动并引导多方主体利用各种媒体平台，在正面宣传绿色环保理念的同时，加大社会舆论监督力度，从正面、反面两个维度保证宣传工作的社会效果，利用鲜活的真实案例，切实提升公众的参与度。

四、改进绿色税收征管机制

当前，我国税收征管机制正在向科学化与信息化进行过渡，《关于进一步深化税收征管改革的意见》（以下简称《意见》）对深化税收征管改革给出了明确的指导意见与部署。在绿色税收领域遵循《意见》指导的前提下，结合绿色税种的特点，对绿色税收征管机制进行针对性的完善。

第一，理顺现有法制体系并优化绿色税收征管程序法。绿色税收征管机制的优化提升有赖于其法制体系的完善与提升，要在明确税收征管程序法属性的定位基础上，针对绿色税种的实体法差异化需求，实现实体与程序的有机融合。具体而言，通过税收征管法对征管程序中的基本原则、权利、义务、责任的明确，实现对绿色税种具体征管的程序规范，各单行绿色税种法律在其自身程序法的规范部分予以具体明确，同时，梳理法律体系本身的不合理环节并及时革除，做好政策层面的衔接，解决冲突性规定，健全争议解决机制，做到权责明确，以此提高本税种征管的效率。

第二，加强部门协作与税收监管、破解信息不对称难题。绿色税收征收过程中要以提高税收征管效率为要求，在现有征管法制框架内明确地方政府的组织协调定位，构建环保部门与税务部门之间的协调运行机制，并明确其主体责任，依程序法对具体范围及流程标准进行规制，具体可参照最高人民检察院联合六部门在野生动物保护中所建立的管理联动机制。通过加强对排污企业的监管力度，定期或不定期开展多部门专项联动检查督查，对税务及环保队伍进行绿色税收征管专项业务培训，定期进行交叉式互换业务培训与竞赛，全面提升两支队伍的执法水平与协作能力，同时对纳税人进行纳税申报程序辅导，提升纳税人申报信息的规范性与准确性。

第三，运用大数据技术加强征管信息化建设。要通过大数据的全面应用，促进绿色税收征管的理念升级，推动税收征管工作实现智能化与智慧化。建立税源监控网络，实现对环境污染源头数据的全面掌控，税务部门通过内部网络构建本部门的绿色税收及其征管数据库与互联互通系统，同时在保证数据安全的前提下运用区块链技术实现与环保等部门的数据共享。对监控数据源进行深入量化分析与模型推演，及时掌握绿色税收税源变化及发展趋势并提前进行预判，实现税收征管数据库、绿色税收申报数据库与内部风控平台互通，建立绿色税收征管具体流程体系，健全数字采集、处理与使用的信息化建设。

五、开征碳税

碳税作为应对温室气体排放的专业绿色税种，其缺失对有效控制二氧化碳等温室气体排放及实现碳达峰、碳中和目标造成制度供给空白。针对现状，结合国际社会的碳税征收实践经验，对我国开征碳税提出以下建议。

第一，构建以碳税与碳排放权交易制度并行的复合型碳减排体系。作为国际社会应对温室气体排放的有效制度选择，两者具有天然的制度优势互补性，并在美国、加拿大等绿色税收制度相对发达的国家得到较好地适用。建议我国在当前碳排放权交易制度不断完善的基础上，采取循序渐进的方式逐步开征碳税，并注重对二者之间具体适用的衔接处理，有效发挥碳排放权交易制度的结果导向与碳税的过程规制的双重作用。比如，在适用主体范围的差异性方面，碳税针对温室气体排放的企业、社会组织与个人范围广泛，当前碳排放权交易仅适用于碳排放企业且未做到全部纳入，实践中要根据具体情况进行有针对性的选择适用。此外，还应注重具体的衔接方式，碳税开征以后对已经完成碳排放权交易的市场主体应该予以免征避免重复征纳。

第二，做好开征前期的准备工作。2009年，财政部财政科学研究所发布的《中国开征碳税问题研究》报告中，对开征碳税的时间及路径等问题做出了相应的规划设计，但至今未见实质性的政策出台。这不仅涉及国内绿色发展对于节能减排的制度需求，更涉及国际社会基于全球变暖问题而引发的大国政治与经济博弈问题。有鉴于此，对碳税制度的设计需要兼顾国内外两方面的环境因素予以考量。国内方面：要注重对征收对象与范围的明确，根据成本收益原则测算出开征的管理、技术及社会接受度等成本因素，最重要的环节是对税率的确定。此外，还要注重对碳税收入用途的制度明确。国际层面：在履行《巴黎协定》与碳达峰、碳中和的国际义务基础上，充分利用WTO贸易规则中关于禁止双重征收具体的国际适用，积极引领全球碳减排与碳税征收的国际规制制定，利用法制手段促进绿色税制改革与经济发展。

第三，碳税的具体制度设计。在做好相关准备工作的基础上，加快推进以市场为主导的能源价格形成机制改革，找准有利时机按照税收中性原则对碳税的具体制度进行如下设计：温室气体中二氧化碳含量在九成以上的，将其作为主要征税对象的同时也要对其他氮氧化物及甲烷等纳入征收范围；鉴于当前对二氧化碳实际排放量的获取技术尚待突破，税基的选取建议根据化石燃料的含碳量与使用量进行具体测算，基于征收成本的考量建议选在生产环节进行征纳较为合理；税率的测算及确定要同时考量地域、产业、税基质量与征管能力等多重因素，采取由低到高渐进式的弹性税率机制并注重与国际接轨，采取积极且必要的税率优惠政策予以配套，发挥碳税的绿色税种激励作用促进产业升级；明确碳税收入的地方绿色税种定位以提高征管效率，发挥其累退属性给予低收入群体进行适度补助。具体开征过程中要先进行分地域、分行业的试点运行，结合碳达峰、碳中和的实施进程进行同步宣传，利用大数据信息化技术手段进行科学征管，实现税收中性与促进低碳经济发展的双重目标。

第四节　研究不足与展望

一、不足之处

当前，对绿色税收制度的供给问题进行研究尚属现阶段的热点与难点课题。本书立足于新制度经济学的制度供给理论，作出了一些有益的探索与讨论，但限于个人学识局限，仍有一些不足之处，主要体现在如下几个方面：

第一，由于各种原因，对国外发达国家有关绿色税收制度的文献搜集与制度梳理欠缺广度与深度，未能实现绿色税收制度内涵的横向对比。

第二，跨学科的方法运用较少，限于专业较多地集中于新制度经济学与法学学科部分，欠缺对环境学、伦理学、计量经济学与哲学等相关学科的方法适用与理论剖析。

二、未来展望

根据本书对绿色税收制度供给的研究，结合研究的不足，做出如下展望：

第一，积极探索并拓展绿色税收制度供给的研究领域与视角，从环境学、法学以及伦理学等交叉学科的视野，对其进行更为立体多元地阐释与解析，更好地实现对绿色税收制度供给的完善与优化。

第二，有针对性地加强对国外相关研究以及实践的横向借鉴与深入研究，以此实现对绿色税收制度供给领域研究的系统化，从更加广泛且深入的角度增强对该领域问题的理论研究与实践检验。

第三，持续关注绿色税收制度的双重红利以及多重红利的研究。将其置于时间跨度更加宽泛的历史范畴中进行实证研究，以便更为清晰地展现其效应变迁情况。增加对绿色税收制度适用领域的比较研究，在环境保护与经济发展以及文化研究等视域，对其进行对比分析，发挥其最大化的学理价值与实践价值。

参考文献

［1］ CHAOMEI CHEN, ZHIGANG HU, et al. Emerging trends in regenerative medicine: a scientometric analysis in citespace ［J］. Expert opin biol ther, 2012, 12 (5): 593-608.

［2］ CHAOMEI CHEN. Science mapping: a systematic review of the literature ［J］. Journal of data and information science, 2017 (2): 1-40.

［3］ PIGOU A C. The eoconomics of welfare ［M］. London: Macmillan, 1920: 116-123.

［4］ PAUL A. SAMUELSON. The pure theory of public expenditure ［J］. Review of economics and statistics, 1954, 36 (4): 387-389.

［5］ OECD. The application of economic instruments for environmental protection ［M］. Paris, 1989.

［6］荷兰国际财税文献局, IBFD国际税收辞汇: 第7版 ［M］. 北京: 中国税务出版社, 2016: 10-15.

［7］ GAINES S, WESTIN R A, ERIKSSON A, et al. Taxation for environmental protection: a multinational legal study ［M］, New York: Bloomsbury Publishing, 1991.

［8］ PAULUS, A. T. G. The feasibility of ecological taxation ［C］. Netherlands: Maastricht, 1995: 1279-1282.

［9］ GOULDER L H. Green tax reform: theoretic issues, empirical esults, and future challenges ［C］. Nordic workshop on green taxes, 1999: 41-57.

［10］ GERT TINGGAARD SVENDSEN, CARSTEN DAUGBJERG,

HJOLLUND L，et al. Consumers，industrialists and the political economy of green taxation：CO_2 taxation in OECD［J］. Energy policy，2001，29（6）：489-497.

［11］保罗·霍肯. 商业生态学：可持续发展的宣言［M］. 夏善晨，余继英，方堃译. 上海：上海译文出版社，2001.

［12］OECD. Tax administration 2013：comparative information on OECD and other advance emerging economics［R］. OECD Publishing，2013.

［13］王明远. 市场经济下的环境法制初探［J］. 中国环境管理，1994（2）：4-7.

［14］王金南，杨金田，陆新元，等. 市场经济转型期中国环境税收政策的探讨［J］. 环境科学进展，1994（2）：5-11.

［15］何澄. 欧洲国家的绿色税［J］. 环境科学动态，1997（4）：22-24.

［16］汪素芹. 绿色税收与我国对外贸易发展［J］. 税务研究，2000（1）：57-60.

［17］贾康，王桂娟. 改进完善我国环境税制的探讨［J］. 税务研究，2000（9）：43-48.

［18］梁本凡. 绿色税费与中国［M］. 北京：中国财政经济出版社，2002.

［19］武亚军. 绿化中国税制若干理论与实证问题探讨［J］. 经济科学，2005（1）：77-90.

［20］唐慧斌. 构建和谐社会过程中的税收责任［J］. 税务研究，2006（11）：9-10.

［21］朱坦，刘倩. 推进中国环境税改革：国际环境税实践经验的借鉴与启示［J］. 环境保护，2007，379（17）：60-62.

［22］计金标，高萍. 试论我国开征环境税的框架性问题［J］. 税务研究，2008，282（11）：37-38.

［23］赵云旗. 中国绿色税收研究［J］. 经济研究参考，2009，2256（56）：2-28.

[24] 苏明. 中国环境税改革问题研究 [J]. 当代经济管理, 2014, 36 (11): 1-18.

[25] 刘剑文, 耿颖. 开征环保税: "绿色税制" 建设的重要一步 [J]. 人民论坛, 2017, 557 (14): 96-98.

[26] 郎威, 陈英姿. 绿色发展理念下我国绿色税收体系改革问题研究 [J]. 当代经济研究, 2020, 295 (3): 105-112.

[27] 袁崇坚. 财政学 [M]. 上海: 上海财经大学出版社, 2020.

[28] 沈满洪, 谢慧明. 公共物品问题及其解决思路: 公共物品理论文献综述 [J]. 浙江大学学报 (人文社会科学版), 2009, 39 (6): 133-144.

[29] 张琦. 公共物品理论的分歧与融合 [J]. 经济学动态, 2015, 657 (11): 147-158.

[30] 叶海涛. 生态环境问题何以成为一个政治问题: 基于生态环境的公共物品属性分析 [J]. 马克思主义与现实, 2015, 138 (5): 190-195.

[31] 朱俊奇, 费保升. 公共物品供给侧改革问题探析 [J]. 安徽理工大学学报 (社会科学版), 2016, 18 (4): 6-11.

[32] 张晋武, 齐守印. 公共物品概念定义的缺陷及其重新建构 [J]. 财政研究, 2016 (8): 2-13.

[33] ALFRED MARSHALL. Principles of economics: unabridged eighth edition [M]. Cosimo, Inc, 2009.

[34] MANKIW N G. Principles of economics, 7th edition [M]. Cengage Learning, 2020.

[35] COASE R H. The problem of social cost [J]. Journal of law and economics, 1960 (3): 1-44.

[36] 雷新华. 关于开征环境税的理论思考 [J]. 经济问题探索, 2002 (8): 107-109.

[37] 杨永杰. 碳排放的外部性理论和内部化路径 [J]. 生产力研究, 2013, 257 (12): 53-54, 77.

［38］尹磊. 环境税制度构建的理论依据与政策取向［J］. 税务研究，2014，351（6）：47-50.

［39］张百灵. 外部性理论的环境法应用：前提、反思与展望［J］. 华中科技大学学报（社会科学版），2015，29（2）：44-51.

［40］金晓燕. 负外部性、企业行为与最优环境税机制研究［J］. 技术经济与管理研究，2016，236（3）：109-113.

［41］俞敏. 环境税改革：经济学机理、欧盟的实践及启示［J］. 北方法学，2016，10（1）：73-83.

［42］李英伟. 资源税与环境税功能定位辨析：马克思产权理论的分析视角［J］. 经济学家，2017，219（3）：18-23.

［43］彭文斌，路江林. 环境规制与绿色创新政策：基于外部性的理论逻辑［Z］. 2017.

［44］ANDREW JOHN, ROWENA A. PECCHENINO. An overlapping generations model of growth and the environment［J］. The economic journal, 1994, 104: 1393-1410.

［45］THOMAS SELDEN, DAQING SONG. Neoclassical growth, the J curve for abatement, and the inverted u curve for pollution［J］. Journal of economic and environmental management, 1995, 29（2）: 162-168.

［46］MARKANDYA A, GOLUB A, PEDROSO S. Empirical analysis of national income and SO_2 emissions in selected european countries［J］. SSRN Electronic journal, 2004.

［47］杨林，高宏霞. 环境污染与经济增长关系的内在机理研究：基于综合污染指数的实证分析［J］. 软科学，2012，26（11）：74-79.

［48］陈向阳. 环境库兹涅茨曲线的理论与实证研究［J］. 中国经济问题，2015，290（3）：51-62.

［49］周小亮，吴武林. 环境库兹涅茨曲线视角下经济增长与环境污染的关系研究：以福建省为例［J］. 福建论坛（人文社会科学版），2016，292

（9）：150-159.

［50］刘传江，胡威，吴晗晗 . 环境规制、经济增长与地区碳生产率：基于中国省级数据的实证考察 ［J］. 财经问题研究，2015，383（10）：31-37.

［51］臧传琴，吕杰 . 环境库兹涅茨曲线的区域差异：基于1995—2014年中国29个省份的面板数据 ［J］. 宏观经济研究，2016，209（4）：62-69，114.

［52］宋锋华 . 经济增长、大气污染与环境库兹涅茨曲线 ［J］. 宏观经济研究，2017，219（2）：89-98.

［53］刘华军，裴延峰 . 我国雾霾污染的环境库兹涅茨曲线检验 ［J］. 统计研究，2017，34（3）：45-54.

［54］崔鑫生，韩萌，方志 . 动态演进的倒 "U" 型环境库兹涅茨曲线 ［J］. 中国人口·资源与环境，2019，29（9）：74-82.

［55］DAVID PEARCE. The role of carbon taxes in adjusting to global warming ［J］. Economic journal, 1991, (101)：938-948.

［56］刘红梅，孙梦醒，王宏利，等 . 环境税 "双重红利" 研究综述 ［J］. 税务研究，2007，266（7）：82-87.

［57］GOULDER L H.Environmental taxation and the double dividend：a reader's guide ［J］. International tax and public finance, 1995 (2)：155-182.

［58］BOVENBERG A L. Environmental taxes and the double dividend ［J］. Empirica, 1998 (25)：15-35.

［59］FRANCISCO J. ANDRÉ, MANUEL ALEJANDRO CARDENETE, ESTHER VELÁZQUEZ. Performing an environmental tax reform in a regional economy. a computable general equilibrium approach ［J］. Annals of regional science, 2005, 39 (2)：375-392.

［60］GLOMM G, KAWAGUCHUI D, SEPULVEDA F. Green taxes and double dividends in a dynamic economy ［J］. Journal of policy modeling, 2008, 30 (1)：19-32.

［61］司言武 . 环境税经济效应研究：一个趋于全面分析框架的尝试

［J］. 财贸经济，2010，347（10）：51-57.

　　［62］陆旸. 中国的绿色政策与就业：存在双重红利吗？［J］. 经济研究，2011，46（7）：42-54.

　　［63］俞杰. 环境税"双重红利"与我国环保税制改革取向［J］. 宏观经济研究，2013，177（8）：3-7，17.

　　［64］徐晓亮. 资源税制改革的双重红利：基于动态递归CGE模型的研究［J］. 经济管理，2015，37（2）：1-10.

　　［65］熊文，刘纪显. 双重红利：我国环境保护税对企业绿色发展激励作用探讨［J］. 环境保护，2017（5）：51-54.

　　［66］田淑英，徐杰芳. "双重红利"下地方绿色税收体系的优化［J］. 河北大学学报（哲学社会科学版），2017，42（4）：103-110.

　　［67］卢洪友，朱耘婵. 我国环境税费政策效应分析：基于"三重红利"假设的检验［J］. 中国地质大学学报（社会科学版），2017，17（4）：9-26.

　　［68］李英伟. 对我国煤炭资源税费体制改革的新构想［J］. 税务与经济，2013，187（2）：96-101.

　　［69］赵敏. 环境规制的经济学理论根源探究［J］. 经济问题探索，2013，369（4）：152-155.

　　［70］贺剑. 绿色原则与法经济学［J］. 中国法学，2019，208（2）：110-127.

　　［71］RONNIE SCHOB. Evaluating tax reforms in the presence of externalities［J］. Oxford economic papers，1996，（48）：537-555.

　　［72］ROBERTO PATUELLI，PETER NIJKAMP，ERIC PELS. Environmental tax reform and the double dividend：a meta-analytical performance assessment［J］. Ecological economics，2005，55（4）：564-583.

　　［73］SHIRO TAKEDA. The double dividend from carbon regulations in Japan［J］. Journal of the Japanese & International economics，2007（3）：336-364.

[74] 韩晶，宋涛，陈超凡，等. 基于绿色增长的中国区域创新效率研究 [J]. 经济社会体制比较，2013，167（3）：100-110.

[75] 曾先峰，李国平. 中美两国煤炭资源的税费水平及负担率 [J]. 中国人口·资源与环境，2013，23（3）：25-32.

[76] 李卫兵，梁榜. 中国区域绿色全要素生产率溢出效应研究 [J]. 华中科技大学学报（社会科学版），2017，31（4）：56-66.

[77] 付莎，王军. 绿色税收政策降低了中国的碳排放吗：基于扩展 STIRPAT 模型的实证研究 [J]. 现代经济探讨，2018，434（2）：72-78.

[78] 何吾洁，梁小红，陈含桦. 绿色税收对制造业绿色转型的效应分析：基于 SBM-DDF 模型和 Luenberger 指数测算 [J]. 生态经济，2020，36（9）：58-66.

[79] 徐晓亮. 资源税改革能调整区域差异和节能减排吗：动态多区域 CGE 模型的分析 [J]. 经济科学，2012，191（5）：45-54.

[80] 秦昌波，王金南，葛察忠，等. 征收环境税对经济和污染排放的影响 [J]. 中国人口·资源与环境，2015，25（1）：17-23.

[81] 安福仁，李沭. 中国绿色税收与经济增长关系研究 [J]. 东北财经大学学报，2017，113（5）：65-70.

[82] 郑国洪. 中国税收政策调整的低碳发展效应研究 [J]. 财政研究，2017，413（7）：102-113.

[83] 朱小会，陆远权. 环境财税政策与金融支持的碳减排治理效应：基于财政与金融相结合的视角 [J]. 科技管理研究，2017，37（3）：203-209.

[84] 毕茜，李萧言，于连超. 环境税对企业竞争力的影响：基于面板分位数的研究 [J]. 财经论丛，2018，235（7）：37-47.

[85] 于连超，张卫国，毕茜. 环境税的创新效应研究 [J]. 云南财经大学学报，2018，34（7）：78-90.

[86] 孙文远，周寒. 环境规制对就业结构的影响：基于空间计量模型的实证分析 [J]. 人口与经济，2020，240（3）：106-122.

［87］赵丽萍．我国环境税负担规模、结构、存在问题与对策［J］．税务研究，2012，328（9）：37-42.

［88］崔景华．日本环境税收制度改革及其经济效应分析［J］．现代日本经济，2012，183（3）：69-77.

［89］王金霞，郑凯文，李思奇．欧盟税收制度生态化改革对我国环境税制建设的启示［J］．当代经济研究，2012，200（4）：39-44.

［90］寇铁军，高巍．资源税改革的国际经验借鉴及未来政策构想［J］．东北财经大学学报，2013，90（6）：56-62.

［91］王政．欧盟环境税制改革的经验和启示［J］．国际经贸探索，2013（10）：73-83.

［92］李佳．绿色税收体系构建经验借鉴［J］．人民论坛，2016，509（5）：97-99.

［93］代荣杰．我国环保税税收制度的设计［J］．财经问题研究，2009，313（12）：94-98.

［94］高萍．我国环境税收制度建设的理论基础与政策措施［J］．税务研究，2013，339（8）：52-57.

［95］李香菊，杜伟．生态文明建设视角下我国税制绿化改革路径研究［J］．经济问题探索，2015，400（11）：28-34.

［96］徐会超，张晓杰．完善我国绿色税收制度的探讨［J］．税务研究，2018，404（9）：101-104.

［97］刘隆亨，翟帅．论我国以环保税法为主体的绿色税制体系建设［J］．法学杂志，2016，37（7）：32-41.

［98］张成松．资源税改革：体系思考与立法指向［J］．当代经济管理，2017（8）：91-97.

［99］冯俏彬．用绿色税制引导绿色发展［J］．中国党政干部论坛，2018，355（6）：77-78.

［100］董战峰，龙凤，毕粉粉，等．国家"十四五"绿色财税政策改革

思路与重点［J］. 环境保护, 2020, 48 (18): 42-45.

　　［101］曹明德, 王京星. 我国环境税收制度的价值定位及改革方向［J］. 法学评论, 2006 (1): 92-96.

　　［102］白彦锋. 构建我国绿色税制的基本思路［J］. 涉外税务, 2009, 253 (7): 28-31.

　　［103］张新. 我国节能减排税收政策的改革策略与实施途径［J］. 南京审计学院学报, 2009, 6 (4): 27-34.

　　［104］靳东升, 周华伟. 我国资源税收制度的现状、问题和改革［J］. 税务研究, 2010, 302 (7): 40-44.

　　［105］先福军. 对新疆实施油气资源税改革与可持续增加地方财力的思考［J］. 新疆社会科学, 2010, 169 (6): 36-40.

　　［106］陈诗一. 边际减排成本与中国环境税改革［J］. 中国社会科学, 2011, 189 (3): 85-100, 222.

　　［107］崔景华, 李浩研. 碳税与能源税之制度协调模式分析［J］. 税务研究, 2012, 321 (2): 52-55.

　　［108］李永刚. 中国开征碳税的无险性分析: 兼议碳税设计［J］. 中央财经大学学报, 2012, 294 (2): 1-6.

　　［109］邓晓兰, 王赟杰. 中国税收制度的绿化程度研究: 基于大中小三个统计口径指标的测算［J］. 审计与经济研究, 2013, 28 (6): 71-79.

　　［110］文学, 李心愉. 中国税收政策的供给效应: 理论机制与实证检验［J］. 求是学刊, 2013, 40 (5): 62-70.

　　［111］张海星. 开征环境税的经济分析与制度选择［J］. 税务研究, 2014, 351 (6): 34-40.

　　［112］陈莹莹. 关于我国环境税改革的研究探讨［J］. 经济研究参考, 2015, 2650 (18): 38-45.

　　［113］葛玉御. 以绿色发展理念 "绿化" 我国税制［J］. 税务研究, 2016, 381 (10): 8-13.

［114］国家税务总局税收科学研究所课题组，龚辉文，李平，等．构建绿色税收体系 促进绿色经济发展［J］．国际税收，2018，55（1）：13-17，2.

［115］杨磊．全面构建绿色税收体系的探讨［J］．税务研究，2018，401（6）：122-123.

［116］许轲名．可持续发展视角下我国绿色税收问题探究［J］．财会通讯，2019（35）：117-120.

［117］欧阳洁，张静堃，张克中．促进生态创新的财税政策体系探究［J］．税务研究，2020，428（9）：105-110.

［118］张莉，马蔡琛．碳达峰、碳中和目标下的绿色税制优化研究［J］．税务研究，2021，439（8）：12-17.

［119］于佳曦，宋珊珊．资源税对资源利用效率影响的实证分析［J］．税务研究，2021，433（2）：42-48.

［120］许文．碳达峰、碳中和目标下征收碳税的研究［J］．税务研究，2021，439（8）：22-27.

［121］刘晔，张训常．环境保护税的减排效应及区域差异性分析：基于我国排污费调整的实证研究［J］．税务研究，2018，397（2）：41-47.

［122］卢洪友，刘啟明，祁毓．中国环境保护税的污染减排效应再研究：基于排污费征收标准变化的视角［J］．中国地质大学学报（社会科学版），2018，18（5）：67-82.

［123］刘海英，安小甜．环境税的工业污染减排效应：基于环境库兹涅茨曲线（EKC）检验的视角［J］．山东大学学报（哲学社会科学版），2018，228（3）：29-38.

［124］卢洪友，刘啟明，徐欣欣，等．环境保护税能实现"减污"和"增长"么：基于中国排污费征收标准变迁视角［J］．中国人口·资源与环境，2019，29（6）：130-137.

［125］李建军，刘元生．中国有关环境税费的污染减排效应实证研究［J］．中国人口·资源与环境，2015，25（8）：84-91.

［126］钟太洋，黄贤金，韩立，等. 资源环境领域脱钩分析研究进展［J］. 自然资源学报，2010，25（8）：1400-1412.

［127］EHELICH P R, HOLDREN J P. Impact of population growth［J］. Science, 1971, 171: 1212-1217.

［128］许广月，宋德勇. 中国碳排放环境库兹涅茨曲线的实证研究：基于省域面板数据［J］. 中国工业经济，2010，266（5）：37-47.

［129］GENE M. GROSSMAN, ALAN B. KRUEGER. Economic growth and the environment［J］. Quarterly journal of economics, 1995, 110（2）: 353-377.

［130］李斌，谢鹏，李晓欢，等. 科技进步与能源效率、环境保护：基于中国省际面板数据的实证研究［J］. 科技与经济，2010，23（3）：51-54.

［131］王雪娜. 我国能源类碳源排碳量估算办法研究［D］. 北京林业大学，2006.

［132］李健，周慧. 中国碳排放强度与产业结构的关联分析［J］. 中国人口·资源与环境，2012，22（1）：7-14.

［133］SHAN Y, HUANG Q, GUAN D, et al. China CO_2 emission accounts 2016-2017［J］. Scientific data, 2020, 54（7）: 1-9.

［134］YURU GUAN, YULI SHAN. Assessment to China's recent emission pattern shifts［J］. Earth's future, 2021（10）: 1-13.

［135］YULI SHAN, JIANGHUA LIU, ZHU LIU, et al. New provincial CO_2 emission inventories in China based on apparent energy consumption data and updated emission factors［J］. Applied energy, 2016, 184: 742-750.

［136］铁卫，宋爽. 基于STIRPAT模型的税收政策与碳排放问题研究［J］. 西安财经学院学报，2015，28（5）：5-10.

［137］白景明. 经济增长、产业结构调整与税收增长［J］. 财经问题研究，2015，381（8）：56-61.

［138］程婉静，冯烽. 新常态下中国税收与经济增长的关系：基于结构

向量自回归模型的实证分析［J］. 技术经济，2015，34（9）：97-103.

［139］王军，李萍. 绿色税收政策对经济增长的数量与质量效应：兼议中国税收制度改革的方向［J］. 中国人口·资源与环境，2018，28（5）：17-26.

［140］梁俊娇，李羡於，刘亚敏. 我国区域税收负担与区域经济增长关系的实证分析［J］. 中央财经大学学报，2017，358（6）：22-29.

［141］ALEX GURNAK. Taxation and economic growth：an evolutionary approach［J］. Економікапромисловості，2014：66-72.

［142］GUSTAVO CANAVIRE-BACARREZA，JORGE MARTÍNEZ-VÁZQUEZ，VIOLETA VULOVIC. Taxation and economic growth in latin america［J］. IDB Publications，2013.

［143］邵帅. 西部地区的能源开发与经济增长"资源诅咒"假说的实证分析［J］. 2008（4）：147-160.

［144］JEFFREY D. SACHS，ANDREW M. WARNER. Natural resource abundance and economic growth［J］. Papers，1995.

［145］PAPYRAKIS E，GERLAGH R. Resource abundance and economic growth in the United States［J］. European Economic Review，2007，51（4）：1011-1039.

［146］干春晖，郑若谷，余典范. 中国产业结构变迁对经济增长和波动的影响［J］. 经济研究，2011，46（5）：4-16，31.

［147］习近平. 决胜全面建成小康社会 夺取新时代中国特色社会主义伟大胜利［N］. 人民日报，2017-10-28.

［148］宋世明. 坚持在法治轨道上推进国家治理体系和治理能力现代化［J］. 中国政法大学学报，2011（3）：19-31.

［149］丛中笑. 税法原理［M］. 长春：吉林大学出版社，2009.

［150］陈清秀. 税法总论［M］. 台北：元照出版社，2012.

［151］赵向华. 我国公民环保意识影响因素研究综述［J］. 生态经济，2016（9）：189-190.

［152］LAZZARI S. Energy tax policy：history and current issues ［M］. Congressional research service，2008.

［153］CICCONE A. Environmental effects of a vehicle tax reform：empirical evidence from Norway ［J］. Transport Policy，2018，69：141-57.

［154］陈工，邓逸群. 我国环境税的政策效应研究：基于个体异质 OLG 模型［J］. 当代财经，2015（8）：26-36.

［155］TANG L，SHI J，YU L，et al. Economic and environmental influences of coal resource tax in China：a dynamic computable general equilibrium approach ［J］. resources，conservation and recycling，2017，117：34-44.

［156］芈斐斐，张自力. 环境税促进了企业创新成果吗：来自中国企业专利数据的实证研究［J］. 哈尔滨商业大学学报（社会科学版），2020，175（6）：80-90.

［157］叶姗. 环境保护税法设计中的利益衡量［J］. 厦门大学学报（哲学社会科学版），2016（3）：46-55.

［158］丰月，冯铁拴. 管制、共治与组合：环境政策工具新思考［J］. 中国石油大学学报（社会科学版），2018（4）：50-57.

［159］曾倩，曾先锋，刘津汝. 产业结构视角下环境规制工具对环境质量的影响［J］. 经济经纬，2018（6）：94-100.

［160］张亚伟. 发达国家环境规制改革的经验与启示［J］. 中州学刊，2010（2）：82-84.

［161］冯玉军. 新编法经济学［M］. 北京：法律出版社，2018.

［162］胡学龙，杨倩. 我国环境保护税制度改进及征收管理研究［J］. 税务研究，2018（8）：119-122.

［163］N. GREGORY MANKIW. Principles of economics ［M］. Cengage Learning，2020.

［164］詹姆斯·M·布坎南. 公共物品的需求与供给［M］. 上海人民出

版社，2009.

［165］高明．法经济学视角下的环境规制问题研究［J］．生态经济，2011（12）：46-50.

［166］何爱平，安梦天．地方政府竞争、环境规制与绿色发展效率［J］．中国人口·资源与环境，2019（3）：21-30.

［167］WANG Y, SHEN N. Environmental regulation and environmental productivity：the case of China［J］. Renewable & sustainable energy reviews, 2016，62：758 -766.

［168］王树义，环境法基本理论研究［M］．北京：科学出版社，2012.

［169］成德宁，韦锦辉．不同类型环境规制影响我国产业竞争力的效应分析［J］．广东财经大学学报，2019（3）：26-33.

［170］侯卓，黄家强．财政自主与环境善治：环境税法实施中的法域协调［J］．中国人口·资源与环境，2019（2）： 25-33.

［171］REN S, LI X, YUAN B, et al. The effects of three types of environmental regulation on eco-efficiency：a cross-region analysis in China［J］. Journal of cleaner production, 2018, 173：245-55.

［172］许轲名．可持续发展视角下我国绿色税收问题探究［J］．财会通讯，2019（35）：117-119.

［173］陈勇．新时代绿色发展理念的伦理价值及其实现路径［J］．伦理学研究，2019（5）：20-26.

［174］张显未．意识形态的经济学分析：基于新制度经济学的视角［J］．经济问题，2009（11）：10-12，17.

［175］蒲方合．论我国耕地占用税的再完善［J］．财会月刊，2019（21）：159-167.

［176］郭佩霞．耕地占用税适用税额考察与政策建议［J］．税收经济研究，2019（5）： 13-18.

［177］高新伟，周春燕．车辆购置税优惠对新能源汽车企业创新绩效的

影响分析［J］. 中国石油大学学报（社会科学版），2021（1）： 12-19.

［178］林星阳. 环境税视野下税收中性原则的协调路径［J］. 北京理工大学学报（社会科学版），2021（3）：131-140.

［179］任超，王洪宇. 从税收中性原则探究碳税再循环机制的构建［J］. 财会月刊，2021（4）：155-160.

［180］罗杰·珀曼. 自然资源与环境经济学［M］. 侯元兆，译. 北京：中国经济出版社，2002.

［181］赵敏. 环境规制的经济学理论根源探究［J］. 经济问题探索，2013（4）：152-155.

［182］王晓红，冯严超. 环境规制对中国循环经济绩效的影响［J］. 中国人口·资源与环境，2018（7）：136-147.

［183］孙英杰，林春. 试论环境规制与中国经济增长质量提升：基于环境库兹涅茨倒 U 型曲线［J］. 上海经济研究，2018（3）：84-94.

［184］关海玲，武祯妮. 地方环境规制与绿色全要素生产率提升：是技术进步还是技术效率变动？［J］. 经济问题，2020（2）：118-129.

［185］黑格尔. 法哲学原理［M］. 范扬，张企泰，译，北京：商务印书馆，1982.

［186］孙英杰，林春. 试论环境规制与中国经济增长质量提升：基于环境库兹涅茨倒 U 型曲线［J］. 上海经济研究，2018（3）：84-94.

［187］龚毓烨. 我国绿色税收制度构建的基本问题［J］. 改革与战略，2019，35（7） ：16-26.

［188］赵书博，霍德鑫. 十四五时期的税制改革趋势研究［J］. 税务研究，2021（2）：20-25.

附　录

30个省（市、自治区）综合污染排放指标测算结果（2001—2019年）

年份	北京	天津	河北	山西	内蒙古	辽宁	吉林	黑龙江	上海	江苏	浙江
2001	454.2746	416.5272	4009.3287	2438.5130	1221.1671	2654.0661	978.8614	1010.5059	722.8557	2650.5520	3039.073
2002	280.7485	422.1633	3812.1243	2476.8500	1309.0258	2305.7395	898.2370	1021.1859	657.0677	2732.5588	2759.6876
2003	206.8844	487.8583	3717.5874	2754.1725	1961.5226	2122.1813	837.6973	1102.9056	581.1135	2874.9381	2774.982
2004	220.3269	454.6999	3995.3340	2885.8062	2090.1275	1952.4146	891.9339	1115.3698	578.6211	2910.4744	2674.234
2005	219.8551	627.0874	4311.6735	3066.2240	2843.5331	3450.4821	1190.0465	1529.3821	626.5434	3346.3393	2638.814
2006	193.8088	485.2472	4052.3611	2976.8576	2296.4782	2853.8401	1302.1518	1490.0800	620.1220	3172.8873	2548.4335
2007	182.2568	471.1688	3689.4939	2859.3953	2113.8373	2827.3021	1192.0778	1469.0263	609.5714	2931.9752	2404.230
2008	141.4395	429.6408	3134.0817	2559.4392	2039.0963	2724.5156	1103.8173	1509.2560	559.8286	2617.7374	2149.746
2009	144.2453	360.5652	3026.9141	2403.3736	2025.1501	2596.9854	1110.7228	1229.0762	501.0084	2571.7375	1992.157
2010	141.6546	413.2396	3331.2549	2616.0359	2140.5629	2522.7213	1163.1338	1180.2307	529.2071	2668.8307	1968.116
2011	143.3878	418.4817	4246.5006	2922.6871	2827.9880	2713.7682	1208.7426	1218.6916	546.2405	2920.7723	1814.029
2012	141.8831	422.0324	4019.5994	2826.3791	2761.1304	2603.1393	1007.5184	1219.0147	508.4990	2831.0451	1720.681
2013	131.1376	414.2319	3946.5417	2765.5310	2781.7617	2536.2298	1004.5219	1234.5741	478.3178	2773.0058	1744.128
2014	124.3008	462.2362	3862.1196	2851.9481	2930.5786	2836.7493	1171.4756	1249.2952	524.1408	2965.3613	1881.168
2015	93.0992	398.1319	3147.1268	2707.2367	2947.9685	2738.2896	1119.9303	1152.8789	448.2290	2858.3551	1902.5883
2016	77.2297	155.8860	2198.2091	2115.7080	2539.7646	2152.5599	1179.8879	878.0722	344.2981	3225.9184	1773.3539
2017	71.2306	191.8112	2126.7946	2155.7662	2690.2102	2326.1124	1142.5758	849.8918	406.9229	3022.4856	1671.3339
2018	72.6154	212.8115	2147.6826	2635.8349	3852.6049	2253.5872	1166.5518	965.1544	404.2731	3052.5943	1792.6931
2019	88.2765	253.8824	2248.7912	2983.8103	4177.9146	2206.6156	1157.2266	869.6874	434.1606	3097.3218	1903.4382

187

续表

年份	安徽	福建	江西	山东	河南	湖北	湖南	广东	广西	海南	重庆
2001	1857.0524	975.6042	916.4419	4058.3176	3674.4214	2444.5620	2813.6793	1930.2270	3316.4428	53.2561	1330.4498
2002	1599.4284	887.1214	883.5894	3983.7727	3447.5376	2309.3773	3609.7285	1930.4042	3222.2748	58.2968	1271.0534
2003	1763.9830	921.2310	1141.0235	4010.7796	3559.2674	2255.0909	3144.8861	2096.5230	3925.1896	60.4161	1393.7608
2004	1740.9703	990.3474	1276.2476	3703.4145	4077.3686	2220.3593	3297.7423	2256.9517	4970.4537	61.3179	1458.0467
2005	1896.1615	1179.8624	1467.9684	4077.7595	4789.8333	2237.4455	3555.8355	2612.1982	5043.8474	64.7487	1422.8262
2006	2006.4001	1105.6812	1502.4617	3837.7377	4208.2857	2101.6815	3397.0983	2513.7343	4168.9636	72.0160	1453.0529
2007	1884.8247	1023.3204	1475.1657	3548.6171	3652.1461	1870.7229	3057.0651	2452.8361	3531.1964	71.1215	1277.3651
2008	1726.1197	1030.1611	1333.8562	3464.6782	3347.9486	1927.2647	2671.8830	2237.1278	3206.0538	62.4304	1159.9069
2009	1717.3113	994.1249	1346.1935	3313.5610	3179.2836	1822.1920	2574.8016	2116.6337	2855.4782	61.7735	1095.6088
2010	1626.4472	1054.6198	1435.3878	3699.6337	3079.1914	1694.4845	2335.6213	2234.8769	2870.0105	60.1335	1063.8109
2011	1514.8392	1005.6946	1683.5098	5358.5011	2652.1337	1823.6248	2901.5518	2297.9175	1517.0786	83.4198	910.6943
2012	1450.9123	1070.6673	1558.6219	4853.1181	2497.3995	1741.3982	2764.3725	2245.4434	1674.3874	88.0614	870.4100
2013	1493.1834	1082.5840	1547.4092	3894.7023	2531.2015	1686.6634	2697.7619	2225.7360	1586.3468	93.7034	876.6147
2014	1671.9594	1026.9952	1480.7748	4729.5670	2544.5850	1768.2331	2588.0393	2361.5263	1651.2115	98.1967	870.2553
2015	1644.8773	965.0014	1662.7483	4678.4673	2359.6017	1607.6520	2429.1999	2237.1596	1506.1080	78.2610	828.1006
2016	1739.1340	1149.5477	1763.7449	3116.0242	1238.8699	991.5181	2395.1245	1918.7448	1291.8311	60.9814	475.9061
2017	1341.8142	852.7228	1591.7958	3786.4514	1309.2982	880.6404	2433.4413	1865.2512	1297.7650	52.6948	469.6588
2018	1361.3554	1018.5893	1546.4071	3810.3531	1450.0133	938.0254	2367.4163	2142.0673	1418.8568	60.3506	494.1934
2019	1502.1186	1196.2851	1578.4984	4257.0786	1640.1700	1058.8745	1756.1044	2265.3705	1492.9430	54.9174	475.5481

续表

年份	四川	贵州	云南	陕西	甘肃	青海	宁夏	新疆
2001	3874.9199	1070.2399	973.4834	1200.1550	1087.8353	157.0173	716.6455	671.6483
2002	3682.8402	1455.0884	846.0167	1206.9601	1034.9905	150.9617	684.9102	639.9142
2003	4232.8024	1359.3212	837.0500	1269.6315	1186.2976	350.6106	850.6441	842.8915
2004	3440.0964	1363.5774	914.5584	1365.1355	1205.9905	362.9290	528.9490	968.5060
2005	3019.7736	1603.1789	1097.2777	1503.8893	1510.9207	514.6887	993.1676	1099.2217
2006	2919.3278	1444.4349	1202.1210	1554.3143	1386.7688	521.4485	804.5097	1115.6772
2007	2574.2315	1206.5087	1092.1004	1652.7917	916.0552	527.0803	728.4015	1313.9255
2008	2367.2084	1082.7255	1161.2607	1484.0021	927.9927	543.1721	690.0518	1345.1246
2009	2301.5503	963.5494	1114.8321	1397.3111	1023.6232	566.0261	647.7724	1460.0997
2010	2627.2461	998.7594	1209.6195	1444.7219	958.4383	623.2867	839.4617	1424.3341
2011	1956.3402	1344.6408	2113.8362	1631.3389	1409.7979	1668.0254	1064.2991	3005.9955
2012	1846.6194	1299.0137	2231.6561	1546.5584	1364.1041	1825.3576	988.3601	3138.2158
2013	1605.0465	1275.3984	2178.3899	1568.1448	1303.5430	1828.9305	1000.7765	2850.1275
2014	1946.7913	1264.2764	2199.2135	1733.6333	1350.2005	1628.1821	966.4230	2835.8997
2015	1738.2562	1098.1734	2009.3839	1684.8101	1327.6363	2183.9648	832.0346	2613.4299
2016	1692.6438	923.2806	2052.2620	1047.9451	1009.3630	932.0732	618.5399	1747.9772
2017	1816.1542	895.6027	1808.9605	1072.5498	977.2891	831.8140	660.6353	1668.4848
2018	1964.8070	995.8805	2040.7112	1143.3675	1099.0591	698.9451	671.5238	1572.2574
2019	2056.2319	861.8899	2154.8590	1267.2876	1102.3531	907.8864	689.2014	1642.6922

后　记

　　本书是在我的博士学位论文的基础上修改完善而成，同时也是山西省社会经济统计科研课题的科研成果。在践行"碳达峰与碳中和"的历史进程中，需要较为完备的绿色税收制度支撑才能落于实处。在梳理庇古税等理论的基础上，依据新制度经济学的制度供给理论，对绿色税收和绿色税收制度的概念、内涵进行了重新界定，在此基础上构建了绿色税收理论体系。运用双重红利理论进行实证分析，同时借鉴发达国家的"他山之石"进行比较研究，注重以绿色发展理念为引领，按照公平与效率原则、税收中性原则与税收法定原则，分别从整合并优化现有绿色税种体系、重视并强化绿色发展意识形态、规范并改进征收管理机制与适时开征碳税等具体内容予以推进。为解决环境保护与资源利用问题提供路径选择，也为推动税制绿化改革、助力实现双碳目标与实现经济高质量发展提供制度保障。

　　值此付梓之际，衷心感谢硕士生导师刘剑文教授多年以来的指点与鼓励，刘老师是我财税法学学习的引路人与学习的榜样。感谢冯玉军教授、魏建教授、董雪兵教授、李增刚教授、张富春教授、孙淑云教授、郗伟明教授在本书写作过程中提出的真诚意见与宝贵建议，感谢孟勇教授、王书华教授、刘维奇教授、刘凌晨教授、程鑫副教授对本书实证部分的指导与帮助。学术前辈们的鼓励与支持，给予我莫大的帮助，每逢学习中遇到困难时，总能让我拨云见日、柳暗花明。感谢山西财经大学统计学院、法学院的领导和同事们的理解、关怀与帮助，为我创造了一个相对宽松的学习环境。感谢朋友，学习与生活中，总会遇到志同道合的朋友，在情绪低落或意志消沉时，总能获得好朋友们的鼓励，倍感温暖。感谢家人，家人永远是我奋斗的动力与坚定的后方，没有家人的理解、支持与包容，便没有任何的成绩与收获。感谢中国海洋大学出版社及编辑老师们的辛苦付出与帮助，衷心祝愿大家一切顺利。

千言万语，感恩所有的遇见。谨以此书献给所有关心、理解、支持并帮助过我的亲人、师长、同学与朋友们。

人生漫长，积极向上。

本人才疏学浅，研究过程中常有绠短汲深之感，书中定有许多不成熟之处，恳请读者不吝指正。

刘中军

2024年2月于太原